U0457084

薛文清公讀書全録類編

〔明〕薛瑄 著

〔明〕萬曆二十七年刊

上

江蘇大學出版社
JIANGSU UNIVERSITY PRESS
鎮江

圖書在版編目（CIP）數據

薛文清公讀書全録類編：全二册 / （明）薛瑄著
. — 影印本 . — 鎮江：江蘇大學出版社，2018. 5
ISBN 978-7-5684-0827-1

Ⅰ . ①薛… Ⅱ . ①薛… Ⅲ . ①讀書筆記－中國－明代
Ⅳ . ① Z429. 48

中國版本圖書館 CIP 數據核字（2018）第 092122 號

薛文清公讀書全録類編（全二册）

著　　者/［明］薛　瑄
責任編輯/吴小娟　權　研
出版發行/江蘇大學出版社
地　　址/江蘇省鎮江市夢溪園巷 30 號（郵編：212003）
電　　話/0511-84446464（傳真）
網　　址/http://press.ujs.edu.cn
印　　刷/北京虎彩文化傳播有限公司
開　　本/850mm×1168mm　1/16
總 印 張/57
總 字 數/182 千字
版　　次/2018 年 5 月第 1 版　2018 年 5 月第 1 次印刷
書　　號/ISBN 978-7-5684-0827-1
定　　價/1800. 00 元（全二册）

如有印裝質量問題請與本社營銷部聯繫（電話：0511-84440882）

出版説明

人是一種會思想的動物，無論是爲了適應環境，克服生存的困難，抑或爲了生活得更有意義，思想皆不可或缺。在一般的中文習慣中，思想的涵義比『哲學』更寬泛，這種語用習慣的差异，也影響到學者對學術視野的選擇。一般而論，思想史的範圍也較哲學史爲廣闊，雖然很少得到清晰地界定，但它不失爲一種有效的學術視野。

在近代中國學術史上，思想史研究的興起與哲學史大約同時。一九〇二年三月，梁任公在其創辦的《新民叢報》上連續發表了《論中國學術思想變遷之大勢》系列論文，這可能是最早由國人撰著發表的思想史論文。而第一本由國人撰寫的中国古代哲學通史，則爲一九一六年謝無量的《中國哲學史》。這兩本早期著述有其學術史的意義，但其中對學科的性質與研究方法等多無明確的説明。事實上，無論是學者的闡述，還是其實際的操作，在思想史與哲學史之間都不易劃出清晰的界限，直到當代也仍然如此。拋開細節不論，就語用習慣及有關實踐而言，思想史表徵一種對歷史文化廣闊而深入的關照，其研究方法，關注的問題，都較哲學史爲多元，史料基礎也不可同日而語。尤其是在郭沫若、侯外廬等人建立起來的研究傳統中，思想史有明确的社會史取向，或因其與傳統的文史之學有親和性，以至在今天，這種思路仍然很有生命力。

文獻發掘向來是思想史研究的基本環節。爲了促進有關研究，我們選輯多種文本編爲『中國古代思想史珍本文獻叢刊』。全編選目包括經典文本，如儒、道二家的經解，重要思想家作品的早期刻本，和某些并不廣泛受到關注的作家文集的舊刻本。本編中也選録了數種反映古代民俗信仰的文獻，如《關聖帝君聖跡圖志》等。這些文本在傳統的學術視野中，多以爲不登大雅之堂，在今日視之，或者正因其反映了古代社會一般的信仰氛圍，而有重要的文本價值。此外，本編也著意收録了數種通常被視爲藝術史史料的文本，如《寶綸堂集》、《徐文長文集》等，我們認爲對思想史關注而言，範圍與深度同樣重要。

選輯本編，也有文獻學上的意圖。中國古代有悠久的文獻學傳統，大量古籍文本的傳刻與整理造就了古代中國輝煌的古籍文化。本編收録的這些刻本不僅是古代學術發生、衍變的物質證據，也是古代古籍文化的重要部分。本編所收録的全部作品皆爲彩版影印，最大限度地保存了文獻的細節。其中有部分殘卷，視具體情況，或者補配，或者一仍其舊。本編的選目受制於編者的認識與底本資源，或者有不妥、不備之處，希望讀者不吝指正。

目録（二十卷）

上册

下册

薛文清公讀書全錄類編總目

文清公讀書錄讀書續錄前後二集前錄舊刊於我邑未有續錄今木亦剷磨平淺即故里本源之地殘缺而遺其半矣余覓得續錄計成全編第載言浩瀚散見錯陳難於記誦初讀有所嗜不忍掩卷恐復尋繹舊聞則梗於繙閱而亟求不可得及再讀遂條疏記分類抄集竊以便覽焉夫以名賢闡道之言其精微蘊奥上接洙泗濂洛關閩之統者在末學抹擬便張極知僭越

苐爲誦讀求浸涯則弗暇避遜後之君子果謂誦習畧便則亦不余罪也録編於隆慶庚午至萬曆甲申余令溧澤刋以布多士後歸田里僻居西疇讀有遺落錯簡者再爲訂証協吾鄉同志捐助重梓內再刪其重復則會孝義陽谿邉君之議也校二録所載緑無分别惟視其類抱為一書原本各有小序今一切刻於書之首一附於書之末讀者欲求其詳于後序观之

後學邑人侯鶴齡肅編

總目終

薛文清公讀書全録類編序

粤惟六經孔孟之旨羽翼發明則漢儒之博唐儒之大宋儒之醇卓乎莫可尚已然鵝湖聚訟數年不决乃其究確以紫陽爲正敬軒薛先生崛起河汾不繇師傳不立門户惟以居敬窮理體驗身心之間者用爲實功是德性學問蓋兩相致焉故自家食宦遊歷夷險以至迅雷易簀靡時不挾策妙悟懽契還塞

輙札記之緣歲積則鮮第次或三復則若重
叠是居然以著述議讓未遑而梁間之東直
備笥稿云爾全録當
憲宗朝命刻建陽而鄢陵楚中有刻青州章丘
有刻聞喜及安邑鹺上有刻獨耿無續編何
稱文献松磐侯君生先生里毓愛此書沉潛
二十餘年携令深澤類分録梓比鮮緩歸嘆
曰曩年吏事鞅掌測海窺天寧無錯謬於是

取舊刻裁爲寸縷編綜前類後先之一開卷
如蝟集鱗次揩録二十卷類計八十有二再
詮於孝義陽谿趙君倡邑薦紳士協捐重梓
自今觀之見後者刪類者聚井然釐然如晉
庫之蓄梁園之雜目觸神駭而又各彙以方
詎不允愜賞心哉侯君年幾期耄乃研精獨
苦剞劂獨良誠揭聖哲矩矱而更闢一易尋
蹊徑也彼以稗官瑣言雕虫末技敝箒千金

者果何當耶噫侯君用意遠矣方議梓時僕
甫至甚健羨斯舉顧庸謭無與力深媿以鵠
來爲功特叙首末并諸簡端異日者挾入巴
蜀將與吾黨共之哉

萬曆二十四年歲在丙申孟夏吉日知河津
縣事巴渝張崇儒謹書

薛文清公讀書全録類編序

吾邑松磐侯先生取薛文清所爲讀書録而類分之以問序于不佞不佞惟文清公一代醇儒爲理學稱首所著讀書一録抽自心精言言著蔡而議者求多于著述謂是寥寥晨星將以翼聖經而闡後學其安所衷之噫嘻是欲支離大道而責顏閔以荀楊之業也夫道有本

原學有戸牖文清之生也晚其于此道盖已身履之而心遇之矣事有觸之而相符理有澄之而乍見則取而筆之以備遺忘云爾非欲敝精神乎雕篆而預以待来世之取裒也追其晚年束着梁上淨几微吟則此一編者又履之跡而魚兎之筌蹄矣耳食者碩欲以著述求之不已贅乎然胡為決其駢拇而類編

之以自為適也夫決其駢拇而類編之以自為適也非文清意也所為學文清者也夫道如天學之如地如天故無不冒也如地故分之有區而至之有漸也蓋吾聞昔人之贊孔子矣曰如天之不可階而升也而或又曰仲尼以萬世為土以萬世為土言其與有足者造乎極也而人真以為善階者也是則侯先生

之所爲類也　侯先生生平操履自以爲步趨文清故尤屬意此編蓋自致政里居不知幾易丹鉛始克就緒然則先生之于茲編也其亦有勞也已矣

萬曆已亥季冬廿八日邑後學趙用光

哲臣頓首拜撰

刊書姓氏

邑後學知縣侯鶴齡　編類

教授　侯　封　叅閲

庠生　[illegible]

侯尊周

侯登翰

周德恭校正

邑後學憲副趙　三聘

庶吉士　趙用光

員外高拱辰

照磨暢孔樂
通判暢孟樂
暢家科
教諭　暢家傳
知縣王汝爲
舉人甯晉芳
董三遷
任三錫
師兆吉
史記言

庠生師昌言
楊景震
衛國賢
文清公七世孫府同知薛應麟
監生薛應第　仝刊

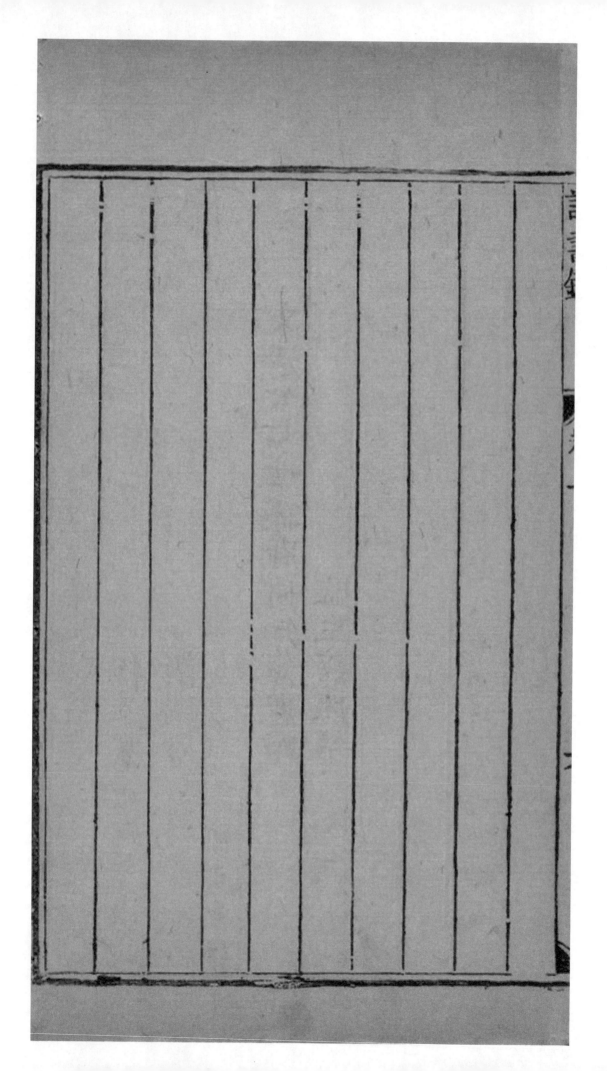

薛文清公讀書全録類編卷之一

横渠張子云心中有所開即便劄記不思則還塞之矣余讀書至心有所開處隨即録之蓋以備不思而還塞也若所見之是否則俟正於後之君子云河東薛瑄謹識

易總論

數自河圖始理在其中

河圖乃萬數萬理萬象萬化之源

河圖之數在天木火土金水春夏秋冬元亨利貞在人肝心脾肺腎仁義禮知信萬理咸備

河圖之數一陰一陽一奇一偶以兩其五行木火陽金水陰就五行觀之一行又各具一陰一陽如天一生水地六成之一爲陽而六爲陰地二生火天七成之二爲陰而七爲陽之類又如木之甲乙火之丙丁之類皆一行各具一陰陽也

河圖之數十太陽之位一淂數九成十少陰之位二淂數八成十少陽之位三淂數七成十太陰之位四淂數六成十

河圖木火土金水即人心所具肝心脾肺腎之形仁義禮知信之德是人心上自有一河圖也

河圖之數五行一陰陽也陰陽一太極也太極本無極也

河圖虛其中者太極也奇數二十偶數二十者兩儀也一六二七三八四九者四象也四實四空者八卦也夫子易有太極是生兩儀兩儀生四象四象生八卦之言蓋本於此

河圖虛其中以爲太極而兩儀四象八卦皆由是以生邵子所謂天向一中分造化也

河圖之一奇一偶造化之一動一靜人之一呼一吸皆一陰陽也

貞元動静人心動静一也

河圖一六水二七火三八木四九金奇數二十偶數二十中虚五以象太極是即五行一陰陽陰陽一太極也

伏羲畫奇偶以象陰陽本於天地陰陽自然之數周子太極圖圏子只是以意取象而已

作易本原不過夫子易有太極是生兩儀兩儀生四象四象生八卦數語但諸儒不之察獨邵子朱子跋發明之

朱子謂河圖之數不過一陰一陽一奇一偶以兩其

五行而已蓋河圖一六水二七火三八木四九金五十土皆兩其五行也自其著者觀之則動靜不同時陰陽不同位而太極無不在焉所謂顯微無間也自其微者觀之則冲漠無朕之中而動靜陰陽之理已具於其中矣所謂體用一源也

畫前之易即太極也所謂冲漠無朕之中而萬象森然已具也

羲皇雖未畫卦而天地自然之易已著邵子所謂畫前之易也

易之卦爻象數皆是天生的

非象則理無所寓

先天圖十月純坤初爻中已有十一月復卦初爻之根即太極圖右半陰中陽也先天圖四月純乾初爻中已有五月姤卦初爻之根即太極圖左半陽中陰也由是觀之先天與太極圖亦未嘗不合

先天圖離卯為春乾午為夏坎酉為秋復子為冬坤為晦復為朔自坤之震月之始生初三日也至兌月之上弦初八日也至乾月滿為望十五日也至巽則月之始虧十八日也至艮則月之下弦二十三日也至坤三十日又為晦矣卯離晝而旦酉坎

夜而昏春夏秋冬晦朔弦望晝夜昏旦莫不見於

此圖

卦之六爻皆陰陽自然之數如一年有十二月自十一月一陽生至四月六陽滿五月一陰生至十月六陰滿十一月又一陽生如日有十二時子時一陽生至巳時六陽滿午時一陰生至亥時六陰滿子時又陽生大而一年小而一日之運六爻無不包括故六爻添一爻亦不成造化減一爻亦不成造化是皆陰陽自然之數聖人不過因而畫之耳

卦六畫之上固可倍之以至無窮要不若六畫彌綸

天地之化約而盡

易不外動靜

晝夜之一闔一闢者易也人之一寤一寐一動一靜

亦然

交易為體以定位而言天地上下四方是也在圓圖

上即乾坤坎離之定位變易為用以流行而言晝

夜寒暑往來是也在圓圖上即卯酉子午之流行

圓圖定位流行之易模寫天地間定位流行之易

象由卦生德以象立

兩儀四象八卦以至六十四卦三百八十四爻天地

間自有此象所謂畫前之易也

兩儀四象八卦以至六十四卦象數之理即太極也

象數理氣渾然無間理雖不雜亦不離也

觀易橫圖見生意之無窮

易橫圖一而二二而四四而八八而十六十六而三十二三十二而六十四太極圖則一理二氣五行男女遂至於化生萬物雖所推有詳畧之不同其為理氣則一而已矣

六十四乃三十二所分三十二乃十六所分十六乃八所分八乃四所分四乃二所分二乃一所分至

一則隱矣微矣非耳目思慮之所及矣孔子所謂

密邵子所謂畫前之易

以五乘十二六十也以十二乘五亦六十也即參伍之義

六十四卦三百八十四爻一陰陽也陰陽一太極也

太極本無極也

六十四卦三百八十四爻通一太極六十四卦卦各

一太極三百八十四爻爻各一太極

六十四卦三百八十四爻惟貴乎時君子之處世亦

曰時而已矣

六十四卦只是一奇一偶但因所遇之時所居之位

不同故有無窮之事變如人只是一動一靜但因時位不同故有無窮之道理此所以為易也

先天圖左半屬陽故乾徤兑説離明震動四卦之德皆陽右半屬陰故巽入坎陷艮止坤順四卦之德皆陰此雖先儒所未言竊意其如此

天下無獨必有對河圖水與火對金與木對天與地對先天圖皆奇與偶對推之萬事萬物吉凶是非君子小人夷狄中國無無對者只是一陰一陽而已○易為性命之源理在氣中

河圖数之始字畫之原

水火二字分明乃坎☵離☲二卦順置之可見

自太極生一奇一偶加倍之六十四卦便是易伏羲元無文字至文王繫彖周公繫爻文王周公之易也孔子十翼孔子之易也皆發明六十四卦三百八十四爻之理而已

天地闔陰陽是自然之易卦畫奇偶不過模寫陰陽之象而已故亦謂之易卦之奇偶法陰陽之奇偶而畫天地之易易書之易同一陰陽而已

自一奇一偶漸次生滿六畫是聖人作易之本原後聖卦下繫之辭亦謂之易伏羲先天圖卦畫次序

方位是易文王周公孔子之書乃易之辭也
先天圖却觀自坤艮坎巽乾兌離震以至復皆前天地之往順觀自復震離兌乾巽坎艮以至坤皆後天地之終往者推其往而無極來者推其來而無窮所謂引之於前而不見其始之合推之於後而不見其終之離也○理象數辭易備焉
象數自河圖始滿天地間無非象數也而理在其中
太極是易之精六十四卦三百八十四爻中無限事是易之蘊
精是卦畫之理蘊是卦畫之辭就卦畫推出偏傍之

理也

凡卦上三爻應下三爻下三爻應上三爻

卦爻分明是天生的聖人不過因其自然者畫出

邵子曰乾四十八而四分之一分為所剋之陰也蓋自乾至泰乾夬大有大壯小畜需大畜泰凡八卦共四十八爻分作四分每分十二爻其三分三十六陽爻其一分十二陰爻也又曰坤四十八而四分之一分為所剋之陽也蓋自坤至否坤剥比觀豫晋萃否凡八卦共四十八爻分作四分每分十二爻其三分三十六陰爻其一分十二陽爻也

方圖圓圖橫圖奇耦皆相對

易由一奇一偶至於無窮以此見造化只一陰一陽而無所不包○六十四卦其辭至無窮

六十四卦三百八十四爻皆陰陽所變所謂易也而一卦一爻之理即太極也

易九圖河圖洛書天地自然之易也先天四圖伏羲之易也後天二圖文王之易也卦變圖孔子之易也

易大傳說卦曰河出圖洛出書聖人則之乃伏羲則其陰陽之數以畫奇偶也又曰易有太極是生兩

儀兩儀生四象四象生八卦乃伏羲因其自然之理一分為二二分為四四分為八也又曰知來者逆自乾至坤皆得未生之卦也又曰因而重之則扵八卦之上加倍為六十四也又曰天地定位山澤通氣雷風相薄水火不相射八卦相錯數往者順知來者逆乃伏羲規横圖為圓圖自震至乾為數往之順自姤至坤為知來之逆也此皆孔子發明伏羲作易之本原與卦象次序方位但先天圖隱而不傳之時雖有大傳說卦之言讀者莫知其說及邵子得先天圖然後以大傳說卦之言證之

一一相合於是象数始大明
希夷陳氏曰羲皇始畫八卦重爲六十四不立文字
使天下之人觀其象而已能如象焉則吉凶應違
其象則吉凶反後世卦畫不明易道不傳聖人於
是不得已而有辭學者謂易止於是而不知有畫
矣觀希夷之言如此則卦象者其易之本與
易是氣道是理隨時變易以從道氣在是而理亦在
是也如吾人之一動一静易也動静合理即從道
也○太象辭皆以理言
以象占觀易得其本義矣

因具於冲漠無朕之中者有無窮之象故見於卦畫者有無窮之數

聖人言天地之造化莫備於易論天地之造化而不本於易皆妄也

伏羲時卦畫雖具而占卜之法未備意唐虞夏周之世已有占卜之法如禹曰枚卜功臣惟吉之從舜曰朕志先定昆命於元龜祖伊曰格人元龜罔敢知吉箕子陳洪範稽疑之疇尤詳於卜筮大卜掌三易夏曰連山商曰歸藏周曰周易以是觀之則周已上蓋已有占卜之法矣周易則因文王演易

繫彖周公繫爻而得名周以前占卜之法既皆不傳今所傳者唯周易至孔子則作彖傳小象大象文言繫辭説卦序卦謂之十翼然周以上易雖不可見觀経傳論載之語盖皆專主卜筮文王周公之易則皆發明伏羲卜筮教人之意尤著至孔子則始詳於義理而不遺卜筮程子之傳專主義理朱子本義則推原作易教人卜筮之意於千古之上讀易者各即其意而觀之可也朱子之易主邵子啟蒙可見○卦變只換一爻

凡卦六爻以初二三四五六為主以所值九六之爻為

客所謂周流六虛者也
卦爻六位皆虛隨所值奇偶居之
只一理春謂之元夏謂之亨秋謂之利冬謂之貞因
時以立名耳○易從至微以到至著
易六十四卦三百八十四爻只是君子小人迭為盛衰
易者陰陽也其理則道也道即天命之流行朱子所
謂陰陽交錯而實理流行一賦一受於其中是也
陰陽無頓絶之理至陰之中陽已生純坤初爻有陽
是也至陽之中陰已生純乾初爻有陰是也
先天四圖邵子傳自希夷而易之象復明

先天圖出於希夷不知希夷又自何而傳
程子易傳質慤精深廣大微妙朱子本義亦有不能
出其外者○程子之易主孔子
程子之易主孔子但與本末不合
流行對峙之易開眼即見於天地之間
畫出天地萬物理象數以示人者六十四卦也
卦爻皆陰陽奇偶之變易皆氣也而太極理也理不
雜乎氣故一卦一爻皆有太極焉
如先天圖陽交於陰陰交於陽天地定位山澤通氣
雷風相薄水火不相射八卦相錯是交易之易朱

子所謂交易爲體也自坤而復以至於乾自乾而
巽以至於坤一動一静互為其根寒往暑來循環
不已是變易之易朱子所謂變易為用也易有交
易變易之義如此
易有變易交易兩義變易之易陰陽晝夜流行是也
交易之易天地上下四方對峙是也
交易為體以定位而言天地上下四方是也變易為
用以流行而言晝夜寒暑往來是也陰陽奇偶天
地之易卦畫奇偶易書之易天地之易易書之易
同一陰陽而已

交易變易雖有體用之分其實體即所以為用而用不離體也

自復之息至乾而盈自巽之消至坤而虛復又息而至於乾而盈巽又消而至於坤而虛消息盈虛皆氣之流行而理為之主也

消生於極盈之時息生於極虛之際以是見亂生於治治生於亂其幾微矣

一陽在上下五陰之間張子所謂陰在外陽在內而不得出則奮擊而為雷霆觀豫卦之象亦可見矣

孔子微辭奥義多在繫辭伊川微辭奥義多在易傳

圖象隱於異學者數千年至邵子而反之於易其有
功於易學太矣
邵子一分為二二分為四四分為八等語即發明易
有太極是生兩儀云云之横圖也其曰乾坤縱而
六子横等語即發明天地定位云云之圓圖也
一分而為二一即在二中而一之本體未嘗分也二分
而為四一即在四中而二之一則未嘗少也四分
為八一即在八中而四之一又未嘗減也以至八
分為十六十六分而為三十二三十二分而為六
十四一則隨所分而無不在而其分之主則自若

也蓋一生二二生四四生八八生十六十六生三十二三十二生六十四而一隨生隨在者分之殊也六十四根於三十二三十二根於十六十六根於八八根於四四根於二二根於一者理之一也理之一各貫於分殊之中分之殊畢統於理一之內分之殊若分矣而理之一則渾然無所不包實未嘗不合也理之一若合矣而分之殊則粲然各有條理實未嘗不分也分而合合而分斯所謂一以貫之者歟

自孔子後數千年易只曰周經乾元亨利貞以下而

伏羲先天四圖隱而不傳雖有繫辭易有太極是生兩儀兩儀生四象四象生八卦及説卦天地定位山澤通氣雷風相薄水火不相射八卦相錯數往者順知來者逆之言人亦不知何謂至邵子傳先天圖自陳希夷於是以繫辭説卦之言證圖一一相合而伏羲作易本原復明

周禮三易經卦皆八其别六十有四即易也伏羲之卦因文王周公繫之辭故曰周易後天圖乃文王之圖彖爻之辭文王周公所繫故謂之周易

朱子曰聖人作易因陰陽之實體為卦爻之法象此

見作易之本義○卦畫只是陰陽而其理無窮
陰陽剛柔仁義便是易而三極之道同一大極也
天地自然之易所見皆是
天地陰陽晝夜四時人物男女萬物始終皆真易充
滿六合貫徹乎古今也
天地之一陰一陽一闔一闢一晝一夜一寒一暑一
暘一雨人之一動一靜一語一默一作一止一寤
一寐一呼一吸皆易道也
聖人作易因陰陽之實體為卦爻之法象是則卦爻
之法象無非模寫天地陰陽之實體而已

卦爻未畫時至虛至靜之中而卦爻之理已具及卦
爻既畫而天地萬物之理皆具於卦爻之中故曰
　易與天地準故能彌綸天地之道
作易本原不過夫子易有太極是生兩儀兩儀生四
象四象生八卦數語但諸儒不之察獨邵子朱子
能發明之○畫前之易太極中森然已具者也
畫前之易冲漠無朕之中萬象森然已具既畫之易
　即卦即爻一理冲漠無朕
易有太極易即陰陽太極即道也
如太極無聲無臭而兩儀四象八卦以至六十四卦

三百八十四爻之象昭然已具所謂體用一源也
自兩儀四象八卦以至六十四卦三百八十四爻
之象莫不有太極之理所謂顯微無間也
如乾卦六陽爻而已就乾上有天之理四德之義六
爻有六龍潛見惕躍飛亢之義凡彖爻文言之辭
皆發明卦爻之理而已餘卦皆然故朱子曰先天
圖所該甚廣易中一字一義無不自其中流出者
是也
文王後天圖離南坎北震東兌西正河圖火水木金
之位也

易傳曰易變易也變易以從道也如人之一動一靜者變易也而動靜之合乎理者即道也

於穆不已於先天圖見之

有物有則於六十四卦三百八十四爻見之

動靜無端陰陽無始於貞元之間見之

感應之理於先天圖見之○時與勢於卦爻見之

開眼六十四卦皆見於天地之間

一陽止於二陰之上山之象一陽剛也石也二陰柔也土也觀之山可見

易不出乎陰陽之理故太極圖可以包之

動為靜根故父生長女而為始靜為動根故母孕長男而為復○所謂易者無須臾之間

朱子曰天地之間只有動靜兩端循乎不已此之謂易而其動其靜必有所以動靜之理乃所謂太極也愚竊謂人日用之間亦只有動靜兩端循環不已亦所謂易也而其所以動靜之合乎道者亦所謂太極也

卦畫陽奇而陰偶天地鬼神之理豈出陰陽之外哉

羲周之易專主動察變占至孔子之易乃有居省象辭

朱子曰易者交錯代換之名卦爻之立由是而已此易之在卦畫者又曰天地之間陰陽交錯而實理流行一賦一受於其中此易之在造化者然易之在卦畫者實由易之在造化者出也

陰陽迭為消長自復至乾陽長陰消自姤至坤陽消陰長然陽之長雖至復始成一陽而坤之初爻陽已萌矣陰之長雖至姤始成一陰而乾之初爻陰已萌矣聖人於陽之復則喜見於辭於陰之姤則不言扶陽抑陰之意也

纔言象便非真因象以識其真則在人焉耳

讀有卦畫之易當知無卦畫之易有卦畫之易今之易書猶可以言求無卦畫之易則可以心會而不可以言求邵子所謂須信畫前元有易是也

元亨利貞仁義禮知只八箇字包括盡天地萬物之理其旨深矣

維天之命於穆不已者理一也乾道變化各正性命者分殊也

人之所從不可不甚觀諸卦爻或吉或凶多係於所從

學易最要知時識勢不然茫然不知吉凶悔吝之機知時識勢學易之大方也

學易只在語默動靜之間須時時學之
讀易謹察象占二字斯得易之本義
六爻之吉凶惟觀其所值之時位而已
凡人動為震靜為艮健為乾順為坤與夫入為巽說為兌之類皆易之用故易之於人也周徧而無窮
民之於易也隨取而各足
理氣象數初不相離如乾之健理也其象大象也其所以為象者氣也氣之有次第節限者數也
陰陽交錯而實理流行故曰大哉易也其性命之源乎
易者陰陽之氣交錯往來是也而性命之理實具於

氣之中故曰易為性命之源
如乾健是卦德象天是卦象内外卦爻位是卦體爻
自外来是卦變○卦爻隨時取義不同
朱子曰其體則謂之易這只是陰陽動靜剛柔闔闢
消長不着這七八箇字説不了若喚做易只是一
字便了然則易之為義於是可識矣
六虚者卦爻六位皆虚隨所值或陽或陰居之
人熟寐而有知覺正如純坤卦下一爻中有陽動之
幾也其理妙矣○人之動静語默寤寐皆易也
邵子所謂畫前有易者則朱子所謂已定之形已成

之勢則固已具於渾然之中而不容毫髮作為於
其間也
伎心一生而天地否良心一發而天地泰
易者陰陽也充滿天地流行古今無一物之不體無
瞬息之有間
天地萬物晝夜寒暑彌滿六合流行古今皆易也
早作夜息無非順陰陽自然之理即所謂易也
朱子曰易着靠定象去看便滋味長着只恁懸空看
也無甚意思本義多是靠定象看
朱子曰大槩看易須謹守彖象之言聖人自解得極

精密平易竊觀朱子觧文王彖辭惟主孔子

朱子本義依古易次序自為一書不與程傳雜最可見象占卜筮教人之本意後儒摘以附程傳之次失朱子之意矣

冲漠無朕之中萬象森然已具書其一也

夫剛立之稱見比卦傳

先儒謂學易欲人恐懼脩省循之吉違之凶

易之為教大槩欲人敬慎雖吉事亦不敢易而為之如大壯乃陽壯之事占者吉亨不言可知而必曰利貞是即敬慎之意

◎

或謂乾九三言誠坤六二言敬先儒論誠敬之學起於此乾九二言仁坤六二言義仁義者陰陽之變也先儒論仁義之用起於此然誠敬仁義之名書已言之矣謂皆起於易恐未然也

自秦漢以來不知自何時易之圖象不傳於世如王輔嗣作易解只自乾元亨利貞經文以下皆不論其圖象至邵子得先天圖於希夷而後圖象始明

易先天諸圖自希夷以前皆為方士所傳授至邵子反之易則知作易之本原實出於此朱子詩曰太

易圖象隱正謂隱於異學也

易圖象本原至邵子復明

邵子有功於易之象數伊川有功於易之義理朱子

明義之象數兼程子之義理三夫子有功於易自

孔子以來未之有也

朱子本義發明伏羲文王周公之易

啓蒙見作易之原與卜筮之本義

朱子本義依吕氏所定經二卷傳十卷古易之次序

後儒以本義附今易程傳之次失朱子之意矣

易之初卦畫而已今經傳本義之外諸儒之説遂至

數十卷何其文之多也

朱子之易惟主卜筮與程子異其論亦有不出程傳之外若○朱子本義卜筮外亦多本程傳

朱子本義簡切明白深得聖人作易之意

朱子與皇甫文仲帖曰本義義理不能出程傳但節得差簡畧耳

朱子論易象數皆本於大傳

因閑畫伏羲八卦小圓圖貼於壁上觀之覺有流動之意

論天地陰陽造化莫備於易外易而論造化者即程

子所謂邪誕妖妄之說也

易大象皆以義理言

易雖有交易之體變易之用然用不在體之外

盛之極者衰之始天遇風也消之極者息之端地逢雷也一盛一衰一消一息氣化之自然也

陰陽消息盛衰屈伸即易也順之則吉

羣陰長而陽道消大易之深戒也

知卦畫即易知交易變易之易知陰陽迭為消長

議擬二字出易大傳今法家用之雖細事亦可見易無不包之一端

奇陽之數健陽之性有數即有理元不相離偶陰亦然

天開於子山水之原皆在西北故坎艮居之

朱子言易中器皆謂有形之實事也

元亨誠之通利貞誠之復大體春夏爲誠之通秋冬爲誠之復然物亦有生於秋而成於夏者亦有生於春而成於夏者亦有生於春而成於秋者亦有生於夏而成於秋者凡一物始終即一物之元亨誠之通利貞誠之復也

卷之一終

薛文清公讀書全録類編卷之二

○易上經

元亨利貞文王之言也其理無窮

元亨利貞古無此名至文王彖易乃立此四言以釋乾卦元大也亨通也利宜也貞正也文王意謂乾道大通而至正筮得此卦六爻不變者其占當得大通而必利在於正固乃可以保其終也至孔子爲傳遂分爲四德元爲始於時爲春亨爲通於時爲夏利爲宜於時爲秋貞爲正固於時爲冬此即天理之流行而賦於物者所謂天所賦爲命也是

命賦於人爲性元爲仁亨爲禮利爲義貞爲知所謂人所受爲性也率是性而行所謂道也

朱子曰看來久處大運中無一時閒吉凶悔吝一息不曾停如大輪一般一恁滚將去聖人只隨他恁地去看道理如何這裏則將這道理處之那裏則將那道理處之愚按朱子此言論乾卦潛見惕躍飛亢之事學易者當知此意

大哉乾元萬物資始至哉坤元萬物資生始者氣之始生者形之始萬物資乾元爲氣之始即資坤元爲形之始是則坤元之氣即乾元之氣坤無所作

爲惟承順天施而已

大哉乾元萬物資始至哉坤元萬物資生纔資始即資生無須臾之先後

坤之元即乾之氣也

大哉乾元萬物資始誠之源也道之體也萬殊之所以一本也乾道變化各正性命誠斯立焉道之用也一本之所以萬殊也然凡言體用不可分而爲二

乾元資始氣之始也坤元資生形之始也形雖賦於地而氣實禀於天也

朱子曰氣至而生即乾元也是知坤元之氣即乾元
之氣坤但順、以承乾而已
乾元坤元萬化之源也
乾元亨利貞而坤順承之天地一理也
乾元萬物無時不資、始坤元萬物無時不資、生
纔資、始即資、生無纖毫之間也
資、始資、生固乾元之氣而其理則太極也
大哉乾元萬物資、始乃統天道莫大乎是
君子行此四德者故曰乾元亨利貞聖人盡性以至
命也

天地之德只是元聖人之德只是仁元於四德無不
統仁於萬物無不該

大哉乾元乃統天萬化之源也

大哉乾元元者性善之源

乾有元亨利貞坤亦有元亨利貞至哉坤元萬物資
生乃順承天坤之元也坤厚載物德合無疆含弘
光大品物咸亨坤之亨也牝馬地類行地無疆柔
順利貞君子攸行坤之利貞也人之仁義禮知人
之元亨利貞也三極之道本一極也

大哉乾元元即元亨誠之通乃太極之動也各正性

命即利貞誠之復乃太極之靜也

大哉乾元元即太極之動亨利貞皆太極之流行也

利貞者乾之靜也元亨者乾之動也動不生於動而生於靜靜不生於靜而生於動互根之謂也

維天之命於穆不已即乾之四德流行而不息也

陽氣成形之大者爲天陰氣成形之大者爲地乾元天之德也坤元地之德也

天陽也其氣渾然無間故其數奇一以象之地陰也其形中虛而間故其數偶二以象之

天地生物之心即乾元也其大無方其遠無盡

元始統天仁道統人

乾元是氣之統體無所不包故曰統天

凡天地萬物有形而可見者皆乾道變化各正性命

誠斯立焉○各正性命各得性命之正

乾道變化各正性命物物一太極也

洪纖高下飛潛動植各具此理所謂各正性命誠斯

立焉者也

必首出庶物而後萬國咸寧也

元亨利貞之命充塞天地流行古今無一毫之空隙

無一息之間斷即維天之命於穆不已也

健而無息之謂乾即逝者如斯夫不舍晝夜之意

天之不息以剛君子法天天之不息亦以剛

元亨利貞天之四德仁義禮智人之四德天德流行而不息者剛健而已人雖有是德而不能無間斷者由有私柔雜之也故貴乎自強不息

君子法乾之健只無私便不息有私則息矣

元者善之長也即亨利貞無非善矣

君子行此四德故曰乾元亨利貞聖人與天地合德也

易曰君子行此四德故曰乾元亨利貞陰符經曰觀

天之道執天之行盡矣

朱子曰孔子只說義之和爲利不去利上求利只義之和處便是利又曰義者得宜之謂處物得其宜不逆萬物即所謂利

夏月陽氣充盛萬物暢茂嘉美之會也

閑邪如城郭城郭不完則外寇入閑邪不容則外慮侵

忠信所以進德也脩辭立其誠所以居業也知行皆實也○脩辭以立誠一言必須實

忠信所以進德脩辭立其誠所以居業業之存於心

者爲德德之見於事者爲業如仁義禮智是德行仁義禮智之德見於人倫事物之實爲業德業非有二也

知至至之上至字是至處下至字是到那至處知終是終處終之是終而不去

知至至之窮理也知終終之盡性以至於命也

乾始能以美利利天下不言所利大矣哉如堯舜利世之功大矣而其心則曷嘗自以爲大哉使有一毫自大之心則與乾始利天下不言所利不同而非所以爲堯舜矣

仁健義順與天地合其德也知周萬物與日月合其
明也仕止久速各當其可與四時合其序也進退
存亡不失其正與鬼神合其吉凶也
乾健不息故運而成晝夜成四時成古今故曰但謂
之乾而無所不包矣
天地之所以大日月之所以明四時之所以運鬼神
之所以靈是皆理之自然也聖人體道無二與天
地合其德矣知周萬物與日月合其明矣動静以
時則與四時合其序矣屈伸以正則與鬼神合其
吉凶矣天地也日月也四時也鬼神也聖人也形

雖有異而道則無間是皆自然一致夫豈有一毫强合之私哉惟其自然一致是以聖人之心即天地之心聖人意之所爲與天無毫忽之差爽所謂先天而天弗違也天理所在聖人率而循之無一息之差繆所謂後天而奉天時也天且不違則人與鬼神之不違者從可知矣此聖人之所以爲聖人也與

易言貞吉守正未有不吉者

重坤相因其勢極厚君子法之以厚德載物

惡由微以至大坤之初六可見

履霜而知堅氷之必至羸豕而知蹢躅之有孚故凡一事必謹於微微不謹必至於著矣

朱子釋坤爻初六扶陽抑陰之旨微矣

微陰眇重淵至於六陰盛長知幾者當謹乎此

聖人凡事皆謹於微姤初六坤初六之類可見

坤之初六履霜堅氷至不但小人女子夷狄從微以至著如人一念之惡循習不已必至於大惡故大而治天下國家近而治一心一身皆當謹之於微

易曰由辯之不早辯也朱子曰李光祖云不早辯也直到得郎當了却方辯剗地激成事來此說最好

愚按此說凡事皆當謹之於微

敬以直內之語自夫子始發之至程朱發明其義無餘蘊矣

敬以直內戒慎恐懼之事義以方外知言集義之事內外夾持用力之要莫切於此

敬以直內涵養未發之中義以方外省察中節之和雖未發之不偏不倚而實為已發無過不及之本體故曰未發不是先雖已發無過不及而實未發不偏不倚本體之所為故曰已發不是後

雲雷參錯震迅乃天地屯難之時君子觀其象宜經

綸以濟時難

震動坎險時之未通君子宜不遑安處以濟其屯

山下出泉雖蒙昧而有可行之理山上有水則窒礙

而有難行之勢故君子觀蒙之象則當果行育德

觀蹇之象則當反身脩德果行水之義育德山之

義

君子需時飲食宴樂以需之

天上水下天左水右二者相違而爲訟君子觀其象

作事謀始則訟端絶

有不速之客三人來敬之終吉處横逆之道也

師卦辭最明興師擇將行賞用人之要備於師

興師以正任帥得人吉之大者

興師之義既正又得丈人爲之主帥在我者先勝矣征伐其有不克乎

爲將智謀爲本不然雖驍勇一夫之敵也易曰師貞丈人吉所謂丈人必能以智謀爲本矣

師初六爻辭曰師出以律不臧凶象曰師出以律失律凶也失律即不臧也

地厚無水不容故爲師君子法之亦當無物不容也

物之相比莫過水與地故先王建萬國親諸侯取其

義他物相比猶有間惟水與地無間

程子曰始比不以道隙於終者多矣如不擇賢否非類相比得不隙於終乎蓋世有其人讀易至此宜謹識之

上天下澤其分甚明辨上下定民志法之

素履最吉以其不爲物誘而率其所履者也

履之上九其旋元吉人之所履必究周而無欠鈌斯應元吉之占故人之履行不可不慎

陰陽在内外分否泰聖人以君子小人發明其義自古治亂皆由於是易之垂戒深矣

否泰相因無一息之停盛衰之理微矣、
泰九三當盛之極而衰之端兆焉可不愼與
自泰之否易自否之泰難
天道只是往復而已觀否泰剥復之類可見
君子之顯晦屈伸隨時而已故否之時則儉德辟難
人不得以禄榮之
程子曰文明則能燭理故能明大同之義剛健則能
克己故能盡大同之道
類族辨物各別其所同也
內剛外明大有也

遏惡揚善非内剛外明者不能故大有象之

大有之遏惡揚善朱子謂非特用人反之於身亦莫不皆然如去人欲存天理即遏惡揚善也

山本高地本下高而能下謙之義

豫上九曰冥豫成有渝無咎謙六三頻復厲無咎皆廣遷善之門也

雷出地中其聲大而氣和暢故樂之聲音和暢象之

雷入澤中聲向闃寂嚮晦入宴息取其義

随日入之晦而宴息随之大者

上卦苟止下卦巽順而無爲所以成蠱

山下有風蠱君子以振民育德振作其民取風意養
育其德取山義
裕蠱往見吝從容治蠱而蠱益深
程子論蠱之上九高尚其事有不同者以人品而言
也
臨卜之道無過於教思無窮保民無疆
臨卦當十二月陽剛浸長之時而以來年八月陽消
陰長爲戒聖人之慮遠矣
易於十二月臨卦二陽方長之時已爲八月遯卦二
陰初長之戒聖人之遠慮如此

風行地上無不周徧先王省方觀民設教亦無無不周
徧
火雷噬嗑火明雷震先王明罰取火之意勑法取雷
之意
山下有火賁君子以明庶政無敢折獄明庶政取火
之義無敢折獄取止之義山下有火明不能燭遠
故其象如此
噬嗑賁豐旅四卦論用刑皆離火之用以是見用法
貴乎明噬嗑豐以火雷雷火交互爲體用法貴乎
威明共濟賁旅以山火火山交互爲體用法貴乎

明愼並用

剥盡爲純坤剥於上而陽已萌於下夬盡則爲純乾夬於上而陰已萌於初此陽無間容息陰亦無間容息故程子曰陰亦然聖人不言耳

剥盡爲坤陽生爲復夬盡爲乾陰生爲姤聖人於陽曰復於陰曰姤扶陽抑陰之意也

上安由下厚故剥上厚下以安宅

剥上九碩果不食言陽有復生之理夬上六不言陰有復生之理十月純坤而初六之中陽已生至十一月冬至成一陽爻爲復聖人則言復亨四月純

乾而初九之中陰已生至夏至成一陰爻而爲姤聖人則有羸豕蹢躅之戒聖人扶陽抑陰而贊天地之化育者可見矣

剥窮於上而陽生於下夬决於上而陰生於下以此見陽固未嘗有息而陰亦未嘗可絶陰陽消息相因之理微矣

至日閉關商旅不行后不省方安静以養微陽聖人贊化育之一端

只一復卦多少義理天道人事無不備

復則吉迷復凶古之亡國之君敗家之子皆迷復者

也

夬之上六不言陰有復生之理獨於剥之上九言陽有復生之理聖人扶陽抑陰之意也

復爲動之始乾爲動之極姤爲靜之始坤爲靜之極靜極復動動極復靜循環無端非知道者孰能識之

復之初爻自坤之初爻來姤之初爻自乾之初爻來陰陽互根此亦可見

復之卦辭言造化之復爻辭言人心之復

一陽復而爲之喜一陰生而爲之戒聖人扶陽抑陰

之意至矣○聞政之善則喜如復卦之亨也

觀復姤則知君子小人盛衰之理微矣

復而無妄聖人矣

治亂無不自微至大看復姤初爻可見

以茂對時育萬物皆實理也故取法於無妄

人心能止則篤實輝光故易於大畜言之

天氣也山形也以形畜氣所畜至大君子法之多識

前言往行以畜其德

頤外實中虛頤頷之象

慎言語養德之大節飲食養生之大

四陽在内二陰在外爲大過四陰在外二陽在内爲

小過

水洊至君子以常德行習教事水相續不已有恒久之意故君子以常德行相沓而來有重復之意故君子以習教事

明相因而不息大人緝熈光明以照臨天下也

易下經

澤性潤下山體中虛内能受外也君子亦當虛中無我以受天下之善

咸九五咸其脢無悔脢背肉感所不見之地則無悔

武王不忘遠當之

咸其輔頰舌艮其輔言有序悔亡發言之失得可見

咸其輔頰舌人未信不可強以言聒之

天地常久之道元亨利貞而已天下常久之理仁義禮知而已

陰陽變易而理常存所謂恒也

所以陰陽變易者固理之所爲而理則一定而不易所謂恒也

天下有山遯君子以遠小人不惡而嚴天高去而不留山卑下而常止有懸絕不相及之勢君子猶天

也小人猶地也君子以莊敬自持則小人自不能
近故取此象
地暗火明明出於暗爲晉君子觀其象以去暗即明
故曰以自昭明德
外晦則氣象含蓄内明則文理密察蒞衆之道也
家人卦治天下之本備焉
家人卦初九曰閑有家悔亡九三曰家人嗃嗃悔厲
吉上九曰有孚威如吉大率治家過嚴雖非中而
吉
天地睽而其事同也男女睽而其志通也萬物睽而

其事類也是皆物形雖異而理則同衆人見物形之異聖人明物理之同

上火下澤睽君子以同而異同者秉彝之自然異者制行之當然

雷雨作解赦過宥罪取解散之義

山下有澤澤匯山甙乃損之義人所當損者莫過於忿怒嗜慾也○慾有水意窒慾如止水

遷善如風之速改過如雷之迅益之大者

内剛外和决小人之道

决小人當先自脩不可專尚剛强夬曰告自邑不利

即戎利有攸往
內健則有必去之志外說則無悻悻之色决小人之
善道也
夬之九三曰壯于頄有凶君子夬夬獨行遇雨若濡
有慍無咎故决小人之道貴乎不係私愛雖若與
合而終能不露形迹以决之也
澤上於天夬君子以施祿及下居德則忌施祿取澤
下之義居德則忌取乾健之義
夬九三壯于頄有凶獨行遇雨若濡有慍無咎决小
人之道怒見于面必有凶惟從容和柔以决之則

無咎

讀夬九三之辭而知決小人之道讀九五之辭而知克己私之功

夬履貞厲非但居高自任剛決雖正亦危凡人居顯位操勢柄遇事果行不顧者亦若此占也

四月六陽全而陰已生陰非至此始生也葢自三月五陽一陰之時而姤之初爻已兆於夬之下矣先儒謂陰亦然者正謂此耳

姤次夬纔夬去陰爲乾而陰又生邵子所謂亂生於治也

姤之時義大矣哉朱子曰幾微之際聖人所謹
姤一陰生於下群陽不能自立君子謹之
天下有風鼓物無不周徧誥命施四方法之
澤上於地萃君子以除戎器戒不虞萃聚也人聚既衆易致變故故除戎器以備不虞
程子曰萃彖傳曰有無動靜始終之理聚散而已聚則爲有爲動爲始散則爲無爲靜爲終萬物死生之理如此而已矣
木自地出爲升君子法升之象順積其德自小以至大

木上有水井其出無窮君子勞民勸相亦無倦

大人虎變未占有孚如成湯自其征伐之先已有傒蘇之望是未占有孚也

澤沒火則火滅火燥澤則澤涸相革之義也

四時寒暑迭相更革故治曆明時取革之義

鼎器所處安重故能受所載之實君子居位法鼎器之安重故能凝聚上天之命靜則聚動則散故正位足以凝命

鼎九二鼎有實我仇有疾不我能即吉初六以非正求二二以剛中自守不與之合所以吉也君子能

剛正自守不爲小人茸媚而遂與之合亦猶是矣

震來虩虩咲言啞啞以安肆失之者衆矣

雷相沓而至聲可畏無甚於此故君子以恐懼脩省

艮內外皆止故君子所思不出其位

艮其背不獲其身行其庭不見其人無咎竊意艮其背一句是統說艮止也惟止得其止故靜則不有其身動則行其庭不見其人故彖傳曰艮其止止其所也上下敵應不相與也是以不獲其身行其庭不見其人無咎也可見艮其背一句是綱下面却分作兩支說艮其背是止之本下面兩支是止

之效
艮其背不獲其身行其庭不見其人只是動靜各止
於理而不知有人也
不獲其身不見其人所止者渾是天理故能如此
人一身皆動惟背不動故止取背意
艮其背不獲其身行其庭不見其人朱子亦以艮其
背一句是主下三句是效驗盖謂止得其所止則
靜而不獲其身動而行其庭不見其人以其所止
者皆天理之當然故動靜不知有人有已
能艮其背便不獲其身行其庭不見其人

伊川艮傳曰外物不接内欲不萌如是而止乃得止
之道於止爲無咎先儒言只説得靜之止
山上有木爲漸長之義君子居賢德善俗亦當以漸
而不可驟
剛明並用折獄致刑之道也
山上有火旅君子以明慎用刑而不留獄火照有明
意山靜有慎意火去又有不留之意
隨風巽風有漸次柔入之義君子法其象亦當丁寧
其命於再三以行事則入人深而人易從矣
巽卦一陰伏於二陽之下巽而能入也人之思索義

理亦必柔巽其志乃能入若性氣粗暴者决不能
有入矣
兊九五孚於剝有厲君子不可以小人假善悅己而
信之若信之適墮其計中乃危道也
麗澤有互相浸灌之義講習有互相滋潤之益
風行水上渙散之義享帝立廟所以合其渙
制度數議德行節之義
中孚二體皆中實全體則中虛中虗則無物中實則
有理故曰中虛信之本中實信之質無物而有理
即無極而太極也

中孚傳曰中虛信之本中實信之質蓋中虛者無物也中實者有理也無物而有理即所謂冲漠無朕之中萬象森然已具也

君子議獄緩死出於中心之實故取中孚之義

過恭過哀過儉皆過之小者也

聖人當盛時即憂衰時既濟曰初吉終亂

凡事既濟則盛極而有悔故大象曰思患而豫防之

火上水下各行其性而不相資故君子觀其象以慎辨物居方辨物謂水火二物居方謂火上水下凡物皆然

易繫辭上

在天成象在地成形皆造化之迹

乾知大始坤作成物造化生物皆乾爲之主而坤則無所爲惟順承天施而已

乾以易知坤以簡能乾坤只是自然故易簡人能順自然之理則易簡者可黙識矣

憂悔吝者存乎介此介字似周子幾字中庸示人靜存動察功已密矣周子又發出動靜之間幾字教人於此用力又功之至密至密者也

憂悔吝者存乎介介即周子所謂幾也於此憂懼豈

復有悔吝乎

震無咎者存乎悔動其補過之心可以無咎此日新之要

安土敦乎仁故能愛此言仁之體用

樂天知命故不憂安土敦乎仁故能愛聖人之事也天之道知也地之道仁也聖人與天地相似者知仁而已知周乎萬物者知也道濟乎天下者仁也樂天知命故不憂知也安土敦仁故能愛仁也天地之道不外乎仁知聖人之道亦不外乎仁知此聖人與天地合德也

仁義禮智天理也樂天即循天理而樂也
易之辭皆自易之卦畫中出
一故神太極也兩故化陰陽也
張子曰一故神即神無方曰兩故化即易無體
程子曰其體則謂之易陰陽之謂也大傳曰易無體
言或爲陰或爲陽無一定之體也
因無窮盡故無方體若有窮盡則有方體矣
神無方而易無體不但陰陽造化爲然如人之動而
陽神在動中靜而陰神在靜中此神無方也人之
動而靜靜而動動而又靜此易無體也

一故神或在陰中或在陽中皆此一也故曰兩在故
不測兩故化陽化爲陰神在其中陰化爲陽神在
其中故曰推行乎一
寒暑陰陽也所以變化者神也變化之神無方陰陽
之易無體
一陰一陽之謂道繼之者善也成之者性也繼成以
氣言從陰陽字來善性以理言從道字來
一陰一陽之謂道繼之者善也成之者性也流行賦
予無一息之間但人自不察耳
知一陰一陽之謂道繼之者善也成之者性也則知

道德之本源矣

一陰一陽之謂道即張子所謂陰陽兩端循環不已者立天地之大義繼之者善也成之者性也即張子所謂游氣紛擾散而成質者生人物之萬殊但易兼理氣言張子以氣言然器亦道也道亦器也是則言雖殊而其致一也

朱子曰一陰一陽之謂道太極也繼之者善生生不已之意屬陽成之者性各正性命之意屬陰陰陽之外無一物繼善成性無須臾止息

一陰一陽之謂道繼之者善也成之者性也先儒謂

是孔子言性與天道處

一陰一陽之謂道繼之者善也成之者性也一息如此萬古如此

繼之者善也成之者性也善性一理也在造化爲善在人物爲性繼之者善誠之源也成之者性誠斯立焉

繼之者善其理一成之者性其分殊

天理在造化繼之者善也至誠之者性則天理在人物矣

繼之者善就造化流行上説成之者性就人物稟受

上說

繼之者善化育之始流行而未已陽也成之者性人物稟受一定而不易陰也

繼之者善性之原也成之者性善之在人者也

天道流行而賦於萬物其流行者即繼之者善也賦於萬物者即成之者性也

人生而靜以上不容說繼之者也

因默念一陰一陽之謂道繼之者善也成之者性也竊以繼成皆以氣言貼陰陽字說善性皆以理言貼道字說及撿陳北溪性理字義與鄙意合因志

之
易曰顯諸仁藏諸用蓋顯諸仁是藏諸用之發見處藏諸用是顯諸仁之機緘處顯諸仁是元亨誠之通所以著藏諸用之妙藏諸用是利貞誠之復所以爲顯諸仁之本．

顯諸仁是藏諸用之所爲乃發見而可見者藏諸用是能爲顯諸仁之機緘而不可見者

顯諸仁似隱而費藏諸用似費而隱

仁本在内以顯則在外用本在外以藏則在中

在天成象在地成形萬狀彌滿於天地之間皆顯諸

仁也而其所以然乃藏諸用也
粲然者顯諸仁隱然者藏諸用
因見園中花草茂盛曰此即顯諸仁也
動靜者陰陽也所以動靜者道也
朱子曰道之體用不外乎陰陽而其所以然者則未
嘗倚於陰陽也是則道即不測之神與
或在陽或在陰故神無方或爲陽或爲陰故易無體
神不離乎陰陽亦未嘗倚於陰陽也
人之寂然不動時陰也而理具焉感而遂通時陽也
而理亦具焉或陰或陽而理無不在此在人陰陽

不測之神也

張子曰富有者大無外日新者久無窮其旨深矣

大而無外天道之於穆也久而無窮天道之不已也

程子曰離陰陽更無道竊謂離物亦無道富有之謂

大業理氣充塞無涯日新之謂盛德理氣流行不

息富有雖曰大無外日新雖曰久無窮其實均一

理氣耳

以言乎遠則不禦六畫之上生生而無窮以言乎近

則靜而正六畫之中當體而理無不具

以言乎遠則不禦生生而無窮以言乎近則靜而正

稟賦各足
以言乎遠則不禦大而無外也以言乎近則靜而正
小而無內也
乾一而實故以質言而曰大坤二而虛故以量言而
曰廣乾坤之廣大即易之廣大也
乾專直是一坤翕闢是二
天地設位而易行乎其中而易亦天地也成性存存
道義之門而道義亦性也
天地設位而易行乎其中天之生生不已也成性存
存道義之門理之生生不已也

成性存存所以立本也道義之門所以達用也性是本來固有之理惟存之又存則道義由是而出矣

知禮皆性也人能知崇如天禮卑如地便是成性存存而道義自此出也人之知不能如天之高禮不能如地之卑是壞其性而不存道義何自而出哉反此則成性存存而道義出矣

只知崇禮卑便是成性存存

知崇禮卑成性存存應天地設位道義之門應易行乎其中矣

博文知崇也約禮禮卑也
中庸之道問學致廣大盡精微極高明温故知新皆易知崇之事尊德性道中庸敦厚崇禮皆易禮卑之事
成性即天地存存即設位道義之門即易行乎其中在天地則爲易在人則爲道義其理一也
五位相得而各有合相得謂一與二相得三與四相得五與六相得七與八相得九與十相得有合謂一與六合二與七合三與八合四與九合五與十合朱子曰相得如兄弟有合如夫婦相得則取其

奇偶之相爲次第辨其類而不容紊也有合則取其奇偶之相爲生成合其類而不容間也相得有合四字該盡河圖之數

朱子曰程子言以功用謂之鬼神以妙用謂之神功用言其氣也妙用言其理也凡易兼言鬼神者皆言其氣單言神者皆言其理朱子釋陰陽不測之謂神章言道之體用不外乎陰陽而其所以然則未嘗倚於陰陽是則神即道也理也

鬼神之屈伸伸之極爲屈屈則伸之氣已往而遂盡其屈而復伸者乃方生之氣非藉夫已屈之氣復

爲方伸之氣也程子曰不必將既屈之氣復爲方伸之氣生生之理自然不息朱子亦曰往者過來者續

鬼神屈伸往來之理於先天圖見之

參伍以變只是以不齊之數互考之欲見其齊耳

用言以斷事則尚乎易之辭

只六十四卦之名儘有義理以言者尚其辭此亦可見

惟深也故能通天下之志只是見理透徹學不明所見皆淺末之事

不行而至此神之妙也

不行而至不疾而速蓋全體皆具亦無至亦無速

感中有寂寂中有感

開物成務言以卜筮開人使之知吉凶而成事業也

無卜筮而知吉凶最宜詳翫人所爲順理即所謂惠迪吉又何必卜筮而知吉乎人所爲悖理即所謂從逆凶又何必卜筮而後知凶乎

天之道元亨利貞民之故仁義禮智

民咸用之謂之神但人由之而不知也

朱子曰聰明睿智神武而不殺者只是譬喻著龜雖

未用而神靈之理具在猶武是殺人底事聖人卻存此神武而不殺也又曰神武得其理而不假其物之謂又曰神武不殺之言只是譬喻謂聖人已具此理卻不犯手

蓍龜雖是卜筮之物聖人卻未必用而神靈之理已具如武雖是殺人事聖人卻存此神武而不殺

不假卜筮而知吉凶所以說神武而不殺

神武得其理而不假其物猶蓍龜得其神之理而不假卜筮也

兩儀四象六十四卦之變易者易也其所以變易者

太極也故曰易有太極

太極自能生兩儀四象八卦加倍生生而不容已所謂生生之謂易也

易有太極易者陰陽之變而其所以爲是陰陽之變者太極也

易有太極是生兩儀兩儀生四象四象生八卦謂之生則一齊生就非有片時之間斷也無極而太極太極動而生陽靜而生陰以至陽變陰合而生水火木金土眞精妙合氣化生男女形化生萬物竊意其初理爲之主而一齊造化生就

乾坤毀則無以見易天地毀則無以見聖人之心

易曰形而上者謂之道又曰一陰一陽之謂道道者

何太極是也

朱子曰太極形而上之道也陰陽形而下之器也蓋

陰陽成形之大者天地即形而下之器也天地之

理即形而上之道也

卦爻形而下之器也太極形而上之道也

謂之道謂之器謂之變謂之通謂之事業名雖殊而

其爲道則一也

神而明之亦足以發之謂也

至神而明之乃有得矣

神而明之存乎人人能弘道也

化而裁之推而行之舉而措之神而明之默而成之

皆指此理而言

易繫辭下

八卦成列象在其中此指八卦形體之象非指象乾

象坤之象也

陰陽迭爲消長夬之後姤即繼之泰之後否即繼之

剝之後復即繼之此即吉凶貞勝之理

陽卦多陰陰如震坎艮皆陽卦皆一陽而二陰陰卦多

陽如巽离兌皆陰卦皆二陽而一陰

乾健坤順之類易神明之德仁義禮智信人神明之
德

天地日月風雷雲雨金木水火山澤八卦之象健順
麗明險陷止動說入八卦之德

程子曰理無形也故假象以顯義乾六爻皆然其餘
卦爻皆然

精義入神乃知至之事致用所以行其知也

精義入神是致知明善之事於天下之理知之極其
明致用是力行之事於天下之理行之無不至

氣化言男女而萬物在其中形化言萬物而男女在
其中互文也
天下同歸而殊塗一致而百慮一以貫之陰符經曰
萬化定基其旨一也
由辭以得意如元亨利貞仁義禮智辭也由辭以得
元亨利貞仁義禮智之意則有得矣
程子曰沿流而求源流者傳之辭也源者易之理也
因辭以求理所謂沿流而求源也
大傳曰初率其辭而揆其方既有典常苟非其人道
不虛行朱子曰方道也始由辭以度其理則見其

有與常矣然神而明之則存乎其人也是則凡聖
賢之書無非度天下之理必神而明之則人與理
爲一不然則書自書人自人耳神而明之存乎其
人融會貫通之謂也
易曰苟非其人道不虛行朱子曰神而明之則存乎
其人也莊子論斲輪之意近之
程子曰由辭以得其意則在乎人焉不但讀易實讀
書之要法也
陽居陽位陰居陰位爲正二五爲中程子曰諸卦二
五雖不當位多以中爲美三四雖當位或以不中

爲過中常重於正也

六爻之吉凶惟觀其所値之時位而已

和順於道德是於天理默契其體無所乖咈理於義是於天理隨事順之各有條理

理於義即庖丁解牛順其理也

庖丁解牛而技經肯綮之未嘗者只是處事順理自無齟齬也

庖丁解牛人處常變之道備焉

窮理者窮人物之理也人之理則有降衷秉彝之性物之理則有水火木金土之性以至萬物萬事皆

有當然之理於衆理莫不窮究其極而無一毫之疑所謂窮理也窮得人之理必須盡仁義禮智之性窮得事物之理必須使事物各得其宜所謂盡性也理也性也皆天命之元亨利貞也窮理盡性與天命無一毫之間所謂至命也曰理曰性曰命雖無彼此之殊曰窮曰盡曰至則畧有先後之序矣此先儒之成說愚竊述之

自一身言之耳有耳之理目有目之理口鼻有口鼻之理手足有手足之理以身之所接而言父子有父子之理君臣有君臣之理夫婦長幼朋友有夫

婦長幼朋友之理以至萬物有萬物之理凡此衆理莫不窮而通之所謂窮理也既知其理於一身之理必有以踐之於人倫之理必有以行之於萬物之理必有以處之所謂盡性也能盡其性則理所自出之天命莫不有以造極一原所謂至命也理也性也命也雖同爲一理初無本末精粗之殊而窮也盡也至也則畧有淺深之序學者不可不察

窮理盡性至命學貫天人也

聖人作易順性命之理一卦分三才陰陽剛柔仁義

之道即性命之理也

立天之道曰陰與陽立地之道曰柔與剛立人之道曰仁與義陰陽以氣言剛柔以質言仁義以德言三才分殊而理一也

凡人動爲震靜爲艮徤爲乾順爲坤與夫入爲巽說爲兌之類皆易之用故易之於人也周徧而無窮民之於易也隨取而各足

薛文清公讀書全錄類編卷之二終

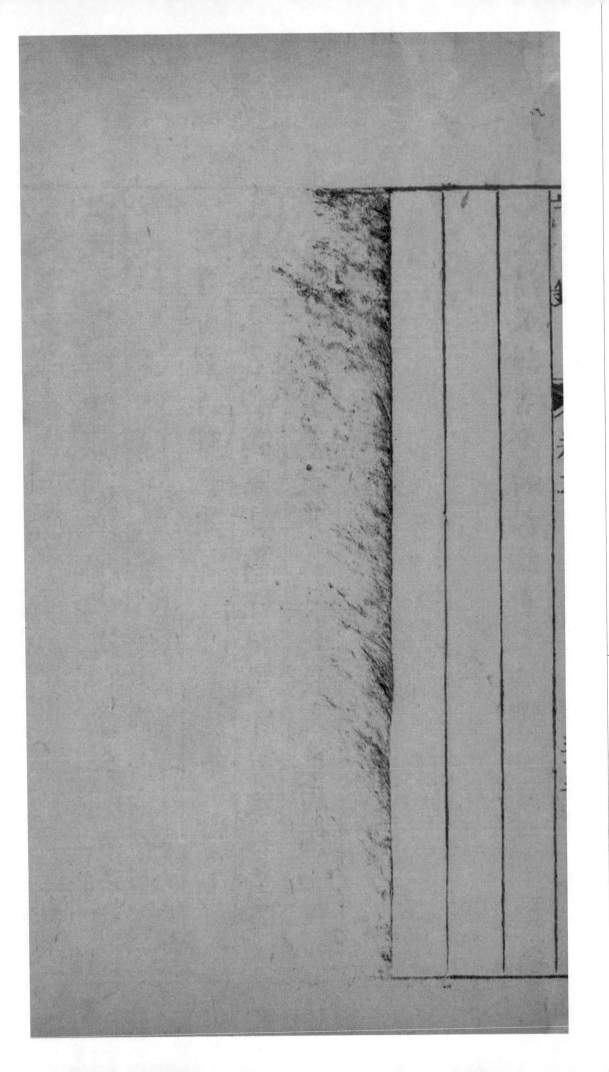

○書總論

書雖不及史之詳然帝王治天下之大經大法已具後世人主能力求其要而法其治何三代之不可復書之精一執中治天下之要用賢才脩政事之類皆其法也

書稱堯曰欽明文思允恭克讓舜曰濬哲文明温恭允塞曰明曰文曰恭二帝皆同德

堯典舜典首言其德禹謨則言文命敷于四海祗承于帝所言有不同矣

人君之德惟明爲先書稱堯曰欽明舜曰文明禹曰明明湯曰克明文王曰若日月之照臨皆言明也明則在己之理欲判然在人之邪正別白處己處人萬事皆得其當矣

堯命舜愼徽五典舜命契敬敷五教臯陶言勑我五典湯肇脩人紀武王重民五教五典五教人紀天理人倫道莫出乎是

堯典以欽之辭始益稷以欽之辭終則堯舜傳心之要可知矣

書載堯舜之行事皆先德行而後事功事功之大者

莫大於用人之一事觀諸二典可見矣

讀二典三謨夏商周書其明白者皆有切於學者之
身心愈讀愈有味

舜之兢兢業業禹之祗台德先成湯之慄慄危懼文
王之小心翼翼皆敬謹之謂也

典謨仲虺咸湯伊傅諸書尤切於學者

勑天之歌正大小雅之權輿也五子之歌變風變雅
之權輿也讀五子湯誓泰誓諸篇則知唐虞之盛
爲不可及矣風氣日降不可返矣

觀唐虞三代之書其世道可見

夏書止四篇商書稍多周書最多

周公曰勿遑曰今日耽樂乃非民攸訓至哉言乎蓋人君者天下之表儀人君一日之耽樂雖若不至於大害然作於上即應於下上以耽樂縱則下以耽樂從是其爲訓於民非言語之訓乃以身訓之訓宜其感應之機爲尤速也益之告舜曰罔遊于逸罔淫于樂皐陶告舜曰無教逸欲有邦皆此意也豈非萬世之永鑒與

伊傳告君之辭曰德曰仁曰誠曰敬曰明命曰一曰道皆歸於人君之一心大臣正君之職於是可見

○虞書

堯典克明俊德一言實千萬世君德之始

堯之克明俊德實萬世君天下之本

堯之命官曆象授時以閏月定四時之類皆範圍天

地之化而不過曲成萬物而不遺也與

聖人之德莫大於孝故書首稱舜克諧以孝

書稱舜濬哲文明蓋人深則明淺則暗

書稱舜曰濬哲蓋深則哲淺則否嘗驗之於人其深

沉者必有智浮淺者必無謀也

唐虞百揆之職揆之一字最有深意政事可止可行

莫不揆度其宜可則行否則止此所以政出於一
而下無廢事也
堯舜之朝曰僉者衆共之辭其舉人皆於公朝也此
意行公道行矣
舜命棄播百穀即命契敷五教繼以皐陶明刑治教
刑三者相因可見有虞爲治之序
嘉言罔攸伏萬邦咸寧古之聖君賢臣皆樂聞善言
以成善治若君臣皆惡聞正言有可慮者矣
不虐無告不廢困窮聖人之仁也
惠迪吉理也

四夷來王本於無怠無荒乃知人君一心之敬雖微
而遠人歸往之效甚大
四夷來王本於無怠無荒故知以威武服遠人者末
也
人心惟危道心惟微皆以心之用言
道心即仁義禮智之心性是也
人心惟危危是欲墮未墮之間不知察其幾而以道
心制之則遂墮於人欲流而入於禽獸矣
惟精所以知之惟一所以行之精一是工夫允執厥
中是功效

允執厥中中者性命之理也千古道學之源本於此故朱子曰堯之一言至矣盡矣

滿招損謙受益即謙卦虧盈益謙之意

古人論治必本末兼舉如臯陶陳謨首曰允迪厥德本也謨明弼諧末也及帝問其詳則曰云云蓋慎厥身脩思永惇敘九族皆允迪厥德之事庶明勵翼皆謨明弼諧之事邇可遠在茲則通言上文之效

臯陶謨典禮刑賞四者萬世爲治之大經不出於此先儒謂知人安民臯陶一篇之體要竊謂允迪厥德又知人安民之本源也蓋允迪厥德者實踐此

德於身也至若知人知之事安民仁之事則皆此
德之推行耳苟非實踐此德於身則私欲盛而天
理微知人之智何自而明安民之仁何自而行哉
故曰允迪厥德又知人安民之本源也
言實未易聽必允迪厥德然後謨明弼諧
書曰無教逸欲有邦逸欲者亂之源也
惇五典庸五禮彰五服用五刑治天下之大本大法
不出於是
聖人不以天官私非其人故曰天命有德五服五彰
哉

◎

惟時惟幾聖人警戒之心曷嘗有頃刻毫髮間斷勑天之歌喜起爲韻皐陶賡歌明良康爲韻脞惰墮爲韻先儒謂此乃三百篇之權輿良是

夏書

古人叙事之文極有法如禹貢篇首以敷土奠高山大川爲一書之綱次冀州以王畿爲九州之首次八州次導山次導水以見經理之先後次九州四隩九川九澤四海以結經理之效次制貢賦立宗法祗台德先分五服以述經理之政事而終之以聲教訖于四海執玄圭以告厥成功始終本末綱

紀秩然非聖經其能然乎

○商書

予畏上帝不敢不正可見湯之伐夏一出於上天之公孟子所謂天吏是也夫豈有一毫利天下之心哉苟有利天下之心則非所以爲湯矣

成湯放桀于南巢惟有慚德湯之不幸天下之幸也

仲虺曰惟天生民有欲無主乃亂惟天生聰明時乂

成湯曰惟皇上帝降衷于民若有恒性克綏厥猷

惟后武王曰惟天地萬物父母惟人萬物之靈亶聰明作元后元后作民父母歷觀自古聖君賢相

之言如此則天之所以立君者不過欲治民教民養民使各遂其生而已豈有他乎哉

成湯不邇聲色不殖貨利最爲難事

三風十愆遵其戒則治違其戒則亂

伊尹言顧諟天之明命見天人合一之理自是而後聖賢之言天命者皆原於此

無輕民事惟艱無安厥位惟危豈惟爲人君當然哉凡爲人臣者亦當守此以爲愛民保邑之法也

伊尹曰臣罔以寵利居成功有易道焉

讀咸有一德之書則知伊尹之學極其精密成湯以

元聖稱之有自矣夫
既乃遯于荒野暨厥終罔顯只是甘盤隱遯不顯於
世耳當以朱子語録爲正
説命曰人求多聞時惟建事下文即繼之曰學于古
訓乃有獲事不師古以克永世匪説攸聞盖學古
訓即所謂求多聞事不師古之事即時惟建事之
事非有二也求多聞猶易曰多識前言往行以蓄
其德耳必謂資之人可乎
説命曰惟學遜志務時敏厥脩乃來允懷于茲道積
于厥躬惟斆學半念終始典于學厥德脩罔覺遜

志時敏允懷終始典學皆爲學之功乃來道積于
厥躬厥德脩罔覺皆爲學之效
商書數篇光明峻潔真所謂灝灝者也
○周書
周書曰惟天地萬物父母惟人萬物之靈亶聰明作
元后元后作民父母此言理一分殊西銘之原疑
出於此
洪範篇造化氣數天理人事皆其書之易也
一五行之疇於八疇無不包誠以五行一陰陽也陰
陽一太極也太極本無極也天下之理豈有出於

無極太極之外者哉其指深矣

二五事之疇貌言視聽思恭從明聰睿肅乂哲謀聖

乃踐形盡性之學

洪範二五事踐形盡性之學備於此

旅獒之書萬世當法

召誥敬德之言不一而足則古大臣告君之本端在

此矣

洛書以冲子孺子稱成王皆不可曉周公雖元聖豈

可以此稱其君不可解

程子言國祚之祈天永命周過其曆即其效也

周公作無逸告成王遠舉殷之三宗皆繼體守成之君欲成王有所法也近舉太王王季文王皆周先哲王欲成王有所嚴憚以脩其德也其意切矣

無逸書曰昔在殷王中宗嚴恭寅畏天命自度治民祗懼不敢荒寧此數言皆主敬而言治天下之本不外乎此

無逸一書只是敬與怠故其效不同殷之三宗與文王無逸而敬也故有永年之效自時厥後帝王生則逸逸則不敬也故享年不永

嚴恭寅畏天命自度不敢荒寧乃無逸一書之要

周公告成王曰厥亦惟我周太王王季克自抑畏盖
抑乃檢束收斂之意畏乃恐懼兢慎之意豈惟王
者當然實為學脩省之至要也
觀無逸耽樂之戒則祈天永命者誠有在
無逸書有天下者不可不斯須熟念而力行之也
無逸書後世為人君者宜寫一通置之座右
作德心逸日休者誠也作偽者反是
克勤小物者以善無不在
讀呂刑之書穆王不訓德而訓刑又可見當時世道
之愈下矣

舜清問於下民忘其勢而通下情也
秦誓如有一箇臣斷斷猗止寔能容之此非幾於無
我者不能也
書終於秦誓殆聖人之微意與
書所載皆帝王經世之大法而終之以侯國之書豈
非衰世之意邪

◎

○詩總論

詩一經性情二字括盡

詩三百篇天道人事無不備

詩人氣不暴戾而詞語和平雖其一巳有涵養之功是亦先王德澤入人之深也後世之詩有佻薄淺露者雖其人無涵養之功亦可以觀世變矣

關雎之類言夫婦鹿鳴之類言君臣棠棣之類言兄弟蓼莪之類言父子黄鳥之類言朋友此詩於人倫之道無不備也

國風至於邶小雅至於鴻鴈大雅至於民勞皆泰極

而否陰陽相根之理微矣
正風未幾而變風繼之正大小雅未幾而變大小雅繼之否泰治亂之相尋理之必然也何足怪哉
詩之變者何其多而正者何其少耶是皆氣化人事之自然也易之陽奇陰偶亦然噫
讀正風正雅則心樂讀變風變雅則心不樂者好善惡惡之真情也
治世之音文武成康而已下此則變風變雅盛焉人事之得失氣化之盛衰於此可考矣
關雎之詩即中和之理宴好之私不形於動靜情欲

之感無介於威儀盛德之至也

思齊一詩修身齊家治國平天下之道備焉讀之有以遠想前王之盛

不忮不求可以為守身之法

詩曰其人如玉君子之德必如玉斯無一毫之點污

抑之詩相在爾室至不可度思五句茍能力行之可以至天德

抑之詩曰相在爾室尚不愧於屋漏無曰不顯莫予云覯神之格思不可度思矧可射思此即川流不息之意其要在謹獨予誦此詩深有警於心

范氏曰予於采薇見先王以人道使人後世則牛羊而已矣觀此則先王之仁厚豈可及哉

君子偕老其辭含蓄微婉略無激發不平之氣可見詩人之忠厚而學者翫此亦可以進德矣

秉心塞淵可以為積德之要思無疆思無斁可以為進學之要思無邪乃誠身之要

昊天曰明及爾出往昊天曰旦及爾游衍是亦詩言天之妙處

上天之載無聲無臭維天之命於穆不已乃詩言天道之至妙處

維天之命於穆不已自一刻一時一晝一夜一月一歲積累至千萬歲無非一陰一陽之謂道循環而無窮此維天之命於穆不已也蓋命即元亨利貞之命道之謂也

維天之命於穆不已天命即元亨利貞天命深遠流行不已即程子所謂動靜無端陰陽無始朱子所謂太極之有動靜是天命之流行也

維天之命於穆不已者誠而已

人能常存仁義禮智之性則與天命之元亨利貞渾合而無間所謂永言配命也

敬之詩曰學有緝熙於光明則成王之學日進於高
明矣
觀敬之詩成王眞得傳心之學者也
孔子讀烝民之詩曰為此詩者其知道乎故有物必
有則民之秉彝也故好是懿德子思中庸引詩曰
維天之命於穆不已蓋曰天之所以為天也於乎
不顯文王之德之純蓋曰文王之所以為文也純
亦不已凡聖賢說詩只加數字轉換過而義自見
未嘗費詞也朱子詩集傳蓋得此法矣
詩困於小序之牽強晦於諸家之穿鑿至朱子集傳

一洗相沿之陋習洞開千古之光明眞所謂豁雲
霧而覩青天也
謝氏曰明道先生善言詩未嘗章解句釋但優游翫
味吟哦上下便使人有得處又曰明道先生談詩
並不曾下一字訓詁只轉却一兩字點掇念過便
教人省悟竊觀朱子詩傳只轉一兩字點掇念過
蓋得明道談詩意也

○春秋總論

讀春秋大義可見者尊君父討亂賊内中國外夷狄
貴王賤霸而已

禮樂征伐不出於天子春秋所由作

春秋之時諸侯擅相征伐會盟而不知有天子之命

非義甚矣

春秋大抵多微辭

聖人作春秋其微意真非數千載之下所能窺測若

欲句句字字盡釋其義竊恐不能無穿鑿之弊

聖人最重民力觀春秋所書可見

春秋最重民力凡有興作大小必書聖人仁民之意

深矣

春秋謹嚴不止於謹華夷之辨字字謹嚴句句謹嚴

全篇謹嚴
春秋書法意在言外
春秋詞簡而旨微欲盡得聖人之心於千載之上難
矣
直書其事其義自見此春秋之本意
春秋書夫人姜氏會齊侯于禚夫人姜氏享齊侯于
祝丘夫人姜氏如齊師夫人姜氏會齊侯于穀所
○謂直書其事而其義自見也
春秋辭雖謹嚴而意實忠厚
春秋直書其事使人思而得之

春秋書楚子入陳納公孫寧儀行父左氏曰書有禮也夫二人皆淫亂之賊陷君於惡楚不能討其罪而戮之復納於陳謂之有禮可乎左氏學識之淺深可見矣

春秋書災異不言事應而事應具存未有書於前而不應於後也朱子綱目書法倣春秋之意

春秋於災異不言事應而事應具存見天人合一之理

解春秋者以己意為聖人之意不知果得聖人之意否

春秋不言事應而事應具存天道眞可畏未有虛發於前而不應於後者覩天爲茫茫不足與言天道天命甚微聖人所罕言春秋多言之皆微其辭

春秋西狩獲麟先儒以感麟而作經者爲是蓋麟乃王者之瑞也出得其時斯爲祥出非其時反是當魯哀公之世果何時邪而麟乃出其非祥明矣聖人以是知世道之降而不可復於是有感而作經至獲麟而止自是之後則一事不可復書矣若以文成致瑞引前聖之事證之恐有未合况孔子世家書獲麟於先作春秋於後此又一證也姑書所

見以俟來哲

○禮記總論

禮曰君子不盡人之懽不竭人之忠所以全交也此言有易道存焉

禮運曰人者其天地之德陰陽之交鬼神之會五行之秀氣也與此言與太極圖頗相合

孔子射於矍相之圃使子路等執弓矢之類以病人之短不敢信其必然

卷之三終

薛文清公讀書全録類編卷之四

○四書總論

論語言仁大學言明德中庸言天命之性孟子言仁義一理也

孟子之知言即大學之物格知至也

孟子之知性即大學之物格盡心即知至也

大學之明德即中庸天命之性

孟子知言亦本於孔子不知言無以知人之説

孟子言知言即孔子所謂知者不惑其言養氣即孔子所謂勇者不懼

程子釋中庸鳶飛魚躍曰與必有事焉而勿正心之意同活潑潑地存心之謂也

四書當先以集註章句爲主參之於或問如輯釋諸書固多有發明處但語錄或因人淺深而發或有未定之論諸儒又或各持所見間有與朱子異者若經文集註章句未通而汎觀此則本義反爲所隔使人將有望洋之嘆若經文集註章句或問既已通貫在己之權度既定然後兼考諸書則知所擇矣

四書集註下小註脚程朱外諸家固有發明集註者

而穿鑿者尤多許魯齋所謂彌近理而大亂眞者
不獨異端爲然
四書與朱子集註萬世聖賢之書無過於此爲聖爲
賢治心脩身齊家治國平天下之道無所不載學
貫天人而一之者也
四書集註章句或問皆朱子萃群賢之言議而折衷
以義理之權衡至廣至大至精至密發揮先聖賢
之心殆無餘藴學者但當依朱子精思熟讀循序
漸進之法潛心體認而力行之自有所得切恠後
人之於朱子之書之意尚不能遍觀而盡識或輙

逞已見妄有疵議或勦拾成說寓以新名衒新奇而掠著述之功多見其不知量也

四書經文集註爲聖爲賢皆由此入惟讀者真知實得乃有其效耳

四書集註章句之外伊氏集釋最爲精簡其他割裂舊說附會己意但欲起學者之觀聽圖己名之不朽駁雜浩穰害理尤甚

○大學

大學乃諸書之括例

大學全體大用之書也

大學文簡而包括無窮

大學三綱領八條目於千聖之書無不括盡

論治而不本於大學非所謂治也

大學八條目功夫一節不可缺

大學之道其至矣乎不行於世也久矣

脩已治人始終條理詳備者無如大學他書非無脩已治人之法但散處而難得其要得其要者大學也

大學經傳一明德貫之明明德者明德明於已新民者明德明於人止至善者人已之明德各造其極

格物致知窮盡此明德之理也誠意者實其明德於心之所發也正心脩身全此明德於身心也齊家治國平天下者明德明於家國天下也

觀大學經文致知格物連誠意說則格物先於格身心之理而後誠意之功可施故程子曰格物莫若察之於身其得之尤切

明德貫大學經傳

明德指此心昭然不昧而言蓋心明則理亦明故朱子釋明德曰明德者人之所得乎天而虛靈不昧以具衆理而應萬事者也重在虛靈不昧上其曰

具曰應皆虛靈之所為所謂心統性情者也

明德新民止於至善下文即繼之以知止而後定靜安慮得以見明德新民之止於至善皆由知止定靜安慮而後得止於至善也

至善即明德之極處非明德之外别有一理為至善也

明德新民止於至善無非盡已盡人之性各造其極物理之極處即性之一原也天下之物皆造乎極處則吾心所知無不至矣

至善之所在在天為元亨利貞在人為仁義禮智在

人倫爲五常以至一事一物莫不有天理之極是皆至善之所在也

知止則動靜各當乎理

不能知止猶迷方之人心摇摇而莫知所之也

不能知止則耳目無所加手足無所措

知止所包者廣就身言之如心之止德目之止明耳之止聰手之止恭足之止重之類皆是就物言之如子之止孝父之止慈君之止仁臣之止敬兄之止友弟之止恭之類皆是蓋止者止於事物當然之則則即至善之所在知止則定靜安慮得相次

而見矣

知止即智者不惑之事

知止則能素其位而行不願乎其外也

知止則萬理明而心自定矣

物格知至則異端邪誕妖妄之説不辨而自明矣

格物致知到豁然貫通處即所謂天下無性外之物而性無不在也

天地萬物分雖殊而理則一所以可格而致其知

知至而意未誠是明善未能誠身也未能誠身則所明者不能實有諸已矣

或讀書或處事或論人物必求其是處便是格物致知之功蓋是者天理也非者人欲也得其是則天理見矣

致知格物於讀書得之者多

不知致知格物之功即始條理之事有缺矣

致知格物是於事物求至極之理

致知格物者欲推極知識以知性也故朱子曰知性則物格之謂盡心則知至之謂也

格物所包者廣自一身言之耳目口鼻身心皆物也如耳則當格其聰之理目則當格其明之理口鼻

四肢則當格其止肅恭重之理身心則當格其動靜性情之理推而至於天地萬物皆物也天地則當格其健順之理人倫則當格其忠孝仁敬智信之理鬼神則當格其屈伸變化之理以至草木鳥獸昆蟲則當格其各具之理又推而至於聖賢之書六藝之文歷代之政治皆所謂物也又當各求其義理精粗本末是非得失皆所謂格物也然天下之物衆矣豈能徧格而盡識哉惟因其所接者量力循序以格之不踈以畧不密以窮潛心精意以徐察其極今日格之明日格之明日又格之無

日不格之潛體積翫之久沉思功探之深已格者不敢以爲是而自足未格者不敢以爲難而遂厭如是之久則塞者開蔽者明理雖在物而吾心之理則與之潛會而無不通始之通也見一物各一理通之極也則見千萬物爲一理朱子所謂衆物之表裏精粗無不到而吾心之全體大用無不明者可得而識矣

就萬物萬事上求實理格物致知之要也

中庸或問曰格物之功正在即事即物而各求其理

格物致知物物各有一性窮物之性而極其知則物

格知至矣
物格知至是明得天理盡也
物格知至在物之理與在己之理無間故曰纔明彼
即曉此
格物是方推致其知物格則知至矣
通天地萬物總是一理致知格物者正欲推極吾心
之知以貫天地之理也
物格是知逐事逐物各爲一理知至是知萬物萬事
通爲一理
物格是逐物逐事上窮至其理知至是萬物萬事上

心通其理格物猶是物各爲一理知至則知萬物
爲一理
知至處即性之一源
知至乃知性知天也
物格知至則識太極矣
大學物格而后知至知至而后意誠觀知至連意誠
說則致知物格先於身心性情上用功可知身心
性情之理明則意可得而誠矣
妄念邪念息則意自誠矣
明理是格物致知事理明而後誠意正心脩身齊家

治國平天下之事可次第用力也
天下之本在國國之本在家家之本在身身之本在心心正身脩家齊國治天下平王道不過如此
天之明命即天之所以與我而我之所以爲德天命之性是也
大學傳言聖人之止雖有仁敬孝慈信之分其實皆以敬爲主故曰無不敬而安所止也
誠意之要在乎謹之於幽獨隱微之處以禁止其苟且自欺之意而凡心之所發如曰好善則必由中及外無一善所好之不實也如曰惡惡則必由中

及外無一惡所惡之不實也
未應物時心體只是至虛至明不可先有忿懥恐懼好樂憂患在心事至應之之際當忿懥而忿懥當恐懼好樂憂患而恐懼好樂憂患使皆中節無過不及之差及應事之後心體依舊至虛至明不留前四者一事於心故心體至虛至明寂然不動即喜怒哀樂未發之中天下之大本也心之應物各得其當者感而遂通即喜怒哀樂發而中節之和天下之達道也心之寂即利貞誠之復心之感即元亨誠之通一感一寂動靜循環無端心之體用

其妙如此

喜怒哀懼愛惡欲七情總之爲好惡二端而已喜哀

愛欲四者屬好怒懼屬惡

絜矩是恕心

知賢而不知用知惡而不知退不若不知之爲愈何

也不知賢則人猶冀其能知而有進用之時不知

惡則人猶冀其能知而有退遠之望若知賢而不

知用則人知其必不能用矣知其惡而不知去則

人知其必不能去矣是使賢者終無以行其志惡

者愈得以肆其惡也

○中庸

中庸章句序繼天立極繼字是從易繼之者善字來蓋天理流注到聖人身上聖人以身立極於天下故謂之繼天立極

中庸序曰恍然似有得其要領所謂要領天命之性也一書之理不外是

道體至中庸發明顯著矣

中庸一書皆性情之德而所謂誠者即此德之實也

中庸之理不離乎動作語默人倫之間知者鮮矣

大道之要不過元亨利貞之命仁義禮智之性而已

看了一部中庸得一性字可貫之

中庸兼中和之義取以名篇則中庸一書性情二字貫之

以性情言之則曰中和以德行言之則曰中庸中庸實兼中和之義是則中和者理之體用也即性情無時而不得其正則中無不在矣

朱子曰中者不偏不倚無過不及之名庸者平常也蓋不偏不倚解五性渾然未發之中無過不及解性發為情各中其節之和庸即性情未發已發皆平常之理非性情之外别有所謂庸也

中只是性情未發已發不偏不倚無過不及便是非性情之外別有中也庸只是此中平常之理便是非中之外別有庸也已發之中無過不及者處便是和非已發之中中節之外別有和也

中是性情恰好的道理以其平常而不可易故又謂之庸非中之外別有所謂庸也

中之理所包甚大存於心而不偏不倚發於情而無過不及以其可以常行不可易故又謂之庸

中庸書天命之謂性盡之

程子謂中庸始言一理中散爲萬事末復合爲一理

蓋始言一理即天命之性也中散爲萬事即達道達德九經天道人道之屬無非天命之性末復合爲一理上天之載無聲無臭又即天命之性矣

中庸惟天下至誠能盡其性惟天下至誠爲能聰明睿知足以有臨惟天下至誠爲能經綸天下之大經三章皆是仁義禮知之性非止三章一書一性字貫之

中庸二十二章言至誠三十一章言至聖三十二章又言至誠三章之意融而會之可合於一二十二章言至誠盡己之性即三十一章至聖盡仁義禮

知之事溥博如天淵泉如淵即三十二章立天下大本之事其曰盡人之性盡物之性即三十一章洋溢施及中國蠻貊之事即三十二章經綸大經之事其曰贊化育與天地參即三十一章配天之事三十二章知天地化育之事究而言之一誠而已

人心所具之性從繼之者善來即所謂天命之謂性也

天理流行賦予人物之機無須臾之止息茲所謂命也與

天地以生物爲心元亨利貞也人得天地之心爲心
仁義禮智也是即天命之性與
滿天地間皆是天所賦之命物所受之性但人自不
察耳
天命云者實理之源性乃天命賦與人物之實體道
即率性當然之實用教因性道體用之實而品節
之蓋中庸一書不過一誠而誠即性命之實理推
之萬事者也
天命之性太極之理也
命性道教只是一理

循理即率性也自一身之耳目口鼻手足百體各順
其則以至人倫庶事各得其宜皆循理也

率仁義禮知之性謂之道聖門專論求仁爲本心之
全德求仁得仁即仁義禮知在其中而率性之道
不外是矣

性外無道率性即道也

率性之謂道全是自然

脩道之教正是聖人贊天地之化育

天下無性外之物而性無不在故道不可離

性情之德具於人心此道不可須臾離也

中庸戒慎恐懼慎獨靜存動察爲仁之功也

中是道理得其恰好處

和從中上流出來中是和之源頭一而二二而一者也

庸即中和之理平常而不可易者非中和之外別有所謂庸也

中和不可須臾離蓋靜而不存則有不中動而不察則有不和此中和所以不可須臾離也

存心不失爲中應事不差爲和

中者天地萬物所全具之理和者天下古今所共由

之道只中和二字包括無窮之理其要只在心未發之中大德之敦化已發之和小德之川流中者大本也和者達道也大本爲體達道爲用體用一源顯微無間於此可見

朱子論喜怒未發之中曰蓋當至靜之時但有能知覺者而未有所知覺也故以爲靜中有物則可而便以爲纔思即是已發爲此則未可以爲坤卦純陰而不能無陽則可而便以復之一陽已動爲此則未可也

朱子曰程子言纔思即是已發能發明子思言外之

意蓋言不待喜怒之發但有所思即是已發此意已極精微説到未發界至十分盡頭不可以有加矣

中庸言中也者天下之大本也即仁義禮知皆中也此專言中也周子言聖人定之以中正仁義而主靜此中只是禮之一德偏言之中也專言之中是未發之中偏言之中是時中之中

中也者天下之大本也道之體也萬殊之所以一本也和也者天下之達道也道之用也一本之所以萬殊也

中也者至德也和也者要道也天下之大本中也所謂萬化之本原也大本者太極之全體達道者太極之流行靜而敬以涵養喜怒哀樂未發之中動而敬以省察

喜怒哀樂中節之和此爲學之切要也

致中致和爲難涵養不可不深省察不可不密

致中是窮神繼志之意致和是知化述事之意

萬化之本原中也一心之妙用和也聖人之能事致

中和天地位萬物育也學問之極功言復聖之事也

人心所具之性即天地之理人身所禀之氣即天地之氣故能致其性之中則天地位致其氣之和則萬物育

時中即性之發而爲情中乎節者便是性即未發之中也

人莫不飲食也鮮能知味也人莫不有道也鮮識其真也

外慕者皆不知其味也

人莫不飲食也鮮能知味也中庸其至矣乎民鮮久矣

教本於道道本於性性本於命命者天道之流行而賦於物者也故曰道之大原出於天

滿天地間皆中庸之理人自不察

舜好問而好察邇言人須體此

舜執其兩端用其中於民知言之至也

中庸不可能者以人不能得性情之正也私欲盡則性得其正而中庸可能矣故日用求中庸之道者不外乎性情得其正也程子曰古之學者專務養性情蓋性情即求中庸之道也

過一分爲大過不及一分爲不及此中庸所以爲難

也

中庸不可能猶顔子所謂如有所立卓爾雖欲從之末由也已之意

中庸不可能者以天命人心之理其極至也

中庸不可能即化不可爲也

索隱行怪古有此言亦必有此行況後世乎

聖人遯世不見知而不悔既自得其固有之理與人何與

中庸惟聖人能之所謂惟天下至誠爲能盡其性

費隱即達道大本○費而隱即顯微無間

中庸言道皆率性之謂也

隱者無聲無臭之妙也

天地間只有理氣而已其可見者氣也其不可見者理也故曰君子之道費而隱

費是隱之流行處隱是費之存主處體用一源顯微無間○體用一源是隱而費顯微無間是費而隱

如陰陽五行流行發生萬物費也而其所以化生之機不可見者隱也

形而上者謂之道隱也形而下者謂之器費也

要當於有形處默識無形之理所謂費而隱也

君子語大而天下莫能載語小而天下莫能破須要眞見得不能載不能破處

語大天下莫能載萬物統體一太極也語小天下莫能破萬物各具一太極也

語大天下莫能載焉語小天下莫能破焉即太極也太極即性也即天下無性外之物而性無不在也

大而六合小而一塵氣無不貫而理無不具故曰君子語大天下莫能載焉語小天下莫能破焉

觀春草從地迸出無絲毫之空隙則道莫能破可知活潑潑地皆天機之自然

鳶飛戾天魚躍于淵是鳶魚率其性之道父必慈子必孝君必仁臣必敬夫必義婦必從兄必友弟必敬以至語默動靜必合其則萬事萬物之各循其理是人物率其性之道活潑潑地於是可見

鳶飛必戾天魚躍必于淵即率性之謂道也

鳶飛戾天魚躍于淵是隨處充滿無少欠缺之意

活潑潑地是元亨利貞之流行

活潑潑地就天地萬物萬事上皆可見

鳶飛魚躍即取之左右逢其源之意言道無所不在也

鳶而必戾于天魚而必躍于淵父必慈子必孝君必仁臣必敬兄必愛弟必恭夫必義婦必從以至四體百骸之有其則昆蟲草木之若其性陰陽日月風霆雨露之各以其時皆鳶飛魚躍之意所謂活潑潑地也

物之觸目觸耳者皆活潑潑地之理

風動林木即鳶飛魚躍之意

道是自然之理不待盡巳推巳而後然未至於自然之理誠能盡巳之忠推巳之恕則至自然之理爲不遠也

朱子曰忠者誠有是心而不自欺也恕者推待己之心以及人也推其誠心以及人則其所以愛人之道不遠於我而得之矣此忠恕違道不遠也

忠恕違道不遠道即其不遠人者率性而已

盡仁義禮智之道於心謂之忠推是道於人謂之恕聖人於是道不待盡己推己自然體無不立用無不行學者必盡己之忠而道之體斯立推己之恕而道之用斯行故曰忠恕違道不遠

鬼者屈也神者伸也屈伸是陰陽之靈處

朱子曰鬼神謂凡奇偶生成之屈伸往來者蓋生也

伸也來也皆神也成也屈也往也皆鬼也
二氣之良能即屈伸之自然也
天陽地陰陰陽之氣屈伸往來者鬼神也故曰鬼神
者天地之功用而造化之迹也
陽之能伸者神陰之能屈者鬼二物也伸極而屈者
神之鬼屈極而伸者鬼之神一物也二而一一而
二知道者默而觀之
鬼神是二氣之靈
張子曰鬼神者二氣之良能也良能是其自然能伸
能屈之妙朱子曰鬼者陰之靈神者陽之靈靈即

良能也

天地之開闔世運之興衰日月之往來晝夜之變化寒暑之推遷萬物之始終皆陰陽之氣屈伸消息爲之主此鬼神所以體物而不可遺也

至而伸之神反而歸之鬼天人一也

天道屈伸兩端而已

氣合精凝爲神遊魂降魄爲鬼

鬼者一往而不復觀天地之化可見

天下無性外之物而性無不在此天體物而不遺也

鬼神即陰陽屈伸往來充滿天地貫徹古今無物不

有無時不然此所以體物而不可遺也
太極圖陰陽之能動能靜者即是鬼神故張子曰二
氣之良能也○鬼神是合太極陰陽而言
天地萬物無一物無陰陽故鬼神體物而不可遺
鬼神體物而不可遺物物一太極陰陽也
渾然一致流行不息皆鬼神之理
自人之一身吸呼動靜以至天地萬物之消息始終
皆陰陽屈伸往來之所爲此鬼神體物而不可遺
之實也
陰陽合散無非實者鬼神是二氣實然之理鬼神合

理氣爲一而言

物之栽者根乎氣其生理向盛故天陰有以培之若物之傾者則與氣不相連屬而生理已絶故天陰有以覆之聖人之德根乎天理浩浩不息猶物之栽而根乎氣也是以保佑眷顧而天之培養者自不能已凶人則戕賊仁義自絶其固有之理於天亦猶物之生氣已絶故天之所以覆亡者有必至是以培之覆之雖若出於天之所爲而實皆有以自取之也

中庸言明善不言明性善即性也言善則性在其中

言性則善在其中善性無二理也

明善是明仁義禮智之性誠身是實性之善無一毫之妄

明善是格物致知知性知天之事誠身是誠意正心養性事天脩身之事

明善即是知性

誠即性命之實理非性命之外別有誠也

純乎天理而不雜爲誠雜則妄而不誠矣

至誠能盡其性盡性即至誠

誠爲中庸之樞紐即此性之實也非性之外別有一

物爲誠

誠是性之真實無妄非性之外别有誠也聰明睿知生知之資而具仁義禮知之德即性之之聖人也

誠者自成也天命之性也而道自道也率性之道也無所爲而爲者誠也有所爲而爲者僞也誠者不息僞者易輟

惟誠無間斷破缺

高則明博則厚觀之天地可見

程子曰純則不貳不雜不已則無間斷先後此言天德也不貳不雜則無一毫人欲之私無間斷先後

則無一息人欲之間如顏子三月不違仁則三月之後猶未免有間斷先後此純亦不已爲文王至德也與

至誠無息即維天之命於穆不已在聖人則純亦不已

大哉聖人之道洋洋乎發育萬物峻極于天此性天道合一也

尊德性而道問學致廣大而盡精微極高明而道中庸温故而知新敦厚以崇禮朱子曰德性者吾所受於天之正理竊謂尊德性所以尊此理也道問

學所以窮此理也致廣大所以極此理之大也盡精微所以盡此理之細也極高明所以極此理之明無不照道中庸所以行此無過不及平常之理温故而知新者因温尋此理而有知新之益敦厚以崇禮者敦篤乎此理而日謹其節文之詳故此五句尊道致盡極道温知敦崇皆指吾所受於天之正理而言也

涵養本源是尊德性之事思索義理是道問學之事

至誠無息者大德之敦化萬物各得其所者小德之川流

大德敦化理一也小德川流分殊也

理之散在天地萬物各殊者小德之川流理之本於一源深遠不已者大德之敦化小德者即大德之分大德者即小德之具體用一源非有二也

大德敦化者中也性也一也小德川流者和也情也貫也

大德敦化者道之體也萬殊之所以一本小德川流者道之用也一本之所以萬殊也

大德敦化理氣之一原小德川流理氣之殊派

萬物並育而不相害道並行而不相悖並育指飛潛

動植而言並行指日月四時而言並育並行皆大化之源故曰大德敦化不害不悖則自大化中流出如飛潛動植各遂其生而不相害日月四時代明錯行而不相悖故曰小德川流然大德敦化者小德川流之本小德川流者大德敦化之分大德敦化如泉源小德川流如泉流散而爲千支萬派其實皆理氣之一源達而爲理氣之萬殊分而言之各有體用之別合而言之則體用一源也

大德敦化是萬物之一源小德川流是萬物之殊體一源流而殊體殊體本乎一源非有二也

萬物並育道並行大德敦化太極之體也不害不悖
小德川流太極之用也
中庸末章引詩曰衣錦尚絅如此方是為己之學有
一毫求知之心即非為己之學矣
聖人篤恭而天下平二帝三王之治皆源於此
中庸引詩曰上天之載無聲無臭即無極而太極也
一性貫乎中庸上天之載無聲無臭至矣君子篤恭
而天下平即首章致中和天地位萬物育之意
中庸篇末八引詩功夫極其精密義理極其深妙非
知道者孰能識之

無聲無臭至矣況可以言語形容之哉

上天之載無聲無臭至矣舉中庸之義而約言之是無極太極之理中庸言之備矣

卷之四終

薛文清公讀書全録類編卷之五

○論語上

論語雖不明言性善凡言仁義孝弟道德天命之類無非性善也

論語凡告門弟子問仁一貫求仁得仁禮義善性之類皆天理也天理即性善也

論語一書聖人多就事言而理在其中其答問仁處亦只以求仁之方爲仁之資告諸子至於仁之理則未嘗及也此所謂無迹也與

聖人答門弟子問仁雖因人變化不同其致一也

論語一書未有言人之惡者熟讀之可見聖賢之氣象

無一時一事而無理故當無一時一事而不習此學而時習之也今人特以執卷誦習爲習此特習所知之一端耳又豈能盡時習之功哉

人不知而不慍最爲難事今人少被人侮慢即有不平之意是誠德之未至也但當自求其所未至者知不知在人我何與焉

忠信立身之本

夫子之德温良屬仁儉屬義恭讓屬禮

思無邪乃誠身之要

聖人之志立不惑知天命耳順不踰距皆指此理而言但所進有淺深之序耳

人不能有進只是惑惑者見理未透而心有所疑也疑故欲進不進學至不惑則理明而無疑其進自不能止矣

不惑是於五常百行萬物萬事之理了然於心無一毫之疑惑也知天命是知天之元亨利貞流行賦於人爲仁義禮智信乃五性所出之原也分而言

之則在天爲天命在人爲五性合而言之則性命
之理一而已矣
耳順非特聞人言語爲聲入心通雖風雷禽鳥一切
有聲之物接於耳者無不悟其妙也張子喜聞驢
鳴之意亦如此
顔子終日不違如愚喋喋多言而能存者寡矣
顔子於聖人之言無所不說正與不違如愚互相發
亦足以發只是尊所聞行所知耳他人聞聖人之言
便休顔子於聖人之言句句無不識其理而踐其
實故曰亦足以發

朱子言顏子觸處洞然自有條理條理即性情之條
理大本達道也
顏子於聖人體段已具即孟子中公孫丑所謂顏子
具體而微也體段是聖人所具之天理顏子亦有
蓋以一身四肢之體段喻一心四德之體段也
孔子視其所以一章亦可反觀已之爲善爲惡所由
所安之實
親親仁也敬長義也無他達之天下也故知惟孝友
于兄弟爲爲政之本
只是循天理便有序而和故仁者禮樂之本也

禮者因天理之自然而品節之以爲制也仁者天理也人而不仁則天理亡矣禮何自而立哉

天者理也其尊無對逆理則獲罪於天矣蓋理即仁義禮智之理逆理則獲罪於天矣

朱子曰天即理也逆理則獲罪於天矣然則欲免獲罪於天必須事事所爲合理即順乎天而無事於禱矣

逆理而獲罪於天不特禱於奥竈而不能免雖禱於天亦無益也

或人譏夫子不知禮言甚峻夫子曰是禮也言甚和

子曰事君盡禮人以爲諂也只平說不見有人我之間若曰我事君盡禮即彼此相形而非無我之氣象矣

孔子曰居上不寬大抵居上以寬爲本大狹則難爲其下矣

孔子曰不仁者不可久處樂朱子曰久樂必淫蓋不仁者失其本心爲富貴所動窮侈極欲無所不至正與舜禹有天下而不與相反聖人則超出萬物之上不仁者則陷於物欲之中聖人則役物不仁者則役於物此正天理人欲之所由分也學者不

可不察
不仁者不可久處約不可長處樂朱子釋之謂不仁
之人失其本心久約必濫久樂必淫濫即爲貧賤
所移而更其節也淫即爲富貴所淫而蕩其心也
若貧賤不能移即仁者能久處約矣富貴不能淫
即仁者能長處樂矣孔孟之言互相發明如此
惡非有意之私而合乎天理之公即所謂惟仁者能
惡人也
君子無終食之間違仁造次必於是顛沛必於是此
專言之仁則包四德無違仁則欲常存仁義禮智

之性矣

好仁者無以尚之純是天理

好仁者無以尚之顏子簞瓢陋巷不改其樂與

好仁者無以尚之巍巍乎舜禹之有天下也而不與焉

默識仁義禮智之性與元亨利貞之天合則有得矣

聞道即知性知天也

一以貫之一是性貫之是一性貫乎萬事也

五性未分渾然一理及泛應萬事莫非此理之用故曰吾道一以貫之

夫子之一理渾然是性泛應曲當亦只是性發而爲中節之情體用之謂也

萬事萬物之理吾心之體用無不該故曰吾道一以貫之

聖人之心渾然一理性之全體也泛應曲當用各不同如父子之仁君臣之義夫婦之知長幼之禮朋友之信之類是也然用雖有千萬端之不同皆原於一性一性又散爲萬善一本萬殊萬殊一本統一性之體用耳天下豈有性外之物哉

夫子所謂一即統體之太極也夫子之所謂貫即各

具之太極也

萬物各具一理萬理同出一原故一以貫之一以貫之只爲理同

一只是性天下無性外之物而性無不在

一以心言貫以情言所謂心統性情者也

天以一理而貫萬物聖人以一性而貫萬事

一以貫之即大德敦化小德川流即一理而分殊也

聖人之心千變萬化一以貫之

一之理不患不能知患無可貫之實耳

一貫之妙於太極圖見之○一以貫之只是性情

萬事萬物一理貫之理即性也性之仁貫乎父子之親仁民愛物之類性之義貫乎君臣之義尊賢之等事物之宜性之禮貫乎長幼之序天秩之節文儀則性之智貫乎夫婦之別是非善惡賢否之分性之信貫乎朋友之交五常萬事之實只一性貫乎萬事萬物所謂一理渾然而泛應曲當也

一是寂然不動貫是感而遂通天下之故一是天下之大本貫是天下之達道一是一本貫是萬殊

在一心之理與在萬事之理本無二致惟聖人一心之理能通萬事之理者以其純乎天理之公也

道即理也聖人一心之理通乎萬事之理體用之謂也

聖人之心萬事之理絲毫無間故一以貫之

天之生物一本故一以貫之

大以包小小以分大一以貫之○一貫即中和之義曾子忠恕姑借學者盡己推己其施不窮以著明一貫之體用無窮耳其實聖人之一貫從大本大原中流出初無待於盡而推也程子曰此與違道不遠異者動以天耳則見論語之忠恕爲自然中庸之忠恕爲勉然然忠恕依舊以中庸爲定名要在

看得活則知論語之忠恕乃曾子借彼移上一步以明聖人之一貫耳○恕字用之不盡

程子言忠恕所以明聖道之體用

忠如水之源恕如水之流一箇忠做出百千箇恕來一箇源流出百千道水來即忠恕而一貫之旨明矣自然體立用行者聖人之忠恕也盡己推己者學者之忠恕也曾子言夫子之道忠恕而已矣非謂學者盡己爲忠推己爲恕也姑借忠以明一之體借恕以明貫之用故知盡己推己其施無窮則知一貫之理不盡矣

中庸之忠恕乃學者盡己推己之正名即程子所謂動以人也論語之忠恕乃聖人自然之忠恕即程子所謂動以天也

維天之命於穆不已忠也道之體也萬殊之所以一本也乾道變化各正性命恕也道之用也一本之所以萬殊也

見賢思齊見不賢而內自省不獨見當時之人如此以至讀古人之書見古人之賢者皆思齊見古人之不賢者皆自省則進善去惡之功益廣矣

洗心退藏於密以約失之者鮮矣

程子言漆雕開已見大意即道也道即性也
因讀論語漆雕開吾斯之言斯指此理而理即性也
天下萬理不出於一性知性則可悟道
子貢謂夫子之言性與天道不可得而聞也近見性
與天道誠有不可得而聞者
孔子五十而知天命子貢以夫子言性與天道不可
聞若聞口即論天命性與天道聽者果能入乎
性者人所受之天理仁義禮知之性是也天道者天
理自然之本體元亨利貞之常是也性命一理也
聖人之言性與天道雖曰不可得而聞然與諸弟子

言仁義孝弟忠信天命仁聖之類與凡不言之教何莫非性與天道之妙哉

聖人言性與天道惟於賛易極言之耳平日與門人言者極少

夫子之言性與天道不可得而聞也在子貢尚如此況不及子貢者乎後人開口論性天道而其理益隱矣

性與天道不可得而聞故程子不以太極圖說語學者○性理難以語人可語者必其人也

聖人不輕許人以仁蓋專言之仁則包四德仁則四

德全而盡性矣故不輕許人以仁也

夫子以孔文子敏而好學不耻下問爲文取其微善而不及其顯惡聖人道大德宏此亦可見自後人言之必以其人爲不足道而并沒其微善矣

簡者非厭事繁而求簡也但爲所當爲而不爲所不當爲耳○循理則事自簡

不遷怒功夫甚難惟嘗用力者知之然亦不可不勉

復之有益於人大矣雖顏子亦由於不遠復

觀顏子所好何學論顏子全在性情上用功夫

顏子與聖人未達一間者以三月不違與純亦不已

也

心之理即仁也三月不違仁者心在内即仁在内為主日月至焉者心在外即仁在外為賓

程子曰顔子簞瓢陋巷在他人則憂而顔子獨樂者仁而已愚謂聖賢之樂不過全天命之性仁即天命之性也專言仁則禮義智皆在矣

仰不愧俯不怍心廣體胖人欲淨盡天理渾全則顔氏之樂可識矣

未能盡顔子之學則不能知顔子之樂

所行不合乎仁義禮智者即莫由道也

夫子曰人之生也直罔之生也幸而免君子之獲福宜也小人之獲福幸也

中人以上可以語上中人以下不可以語上教人者當守此言與人談論亦當謹守此言

聖人之博博而約以其有此理也衆人之博但務聞見之廣而不察其理之有無此所以異於聖人之博與

己欲立而立人己欲達而達人仁者之事小人反是

孔子述而不作學聖賢之道不述聖賢之言而自立新奇之說去道遠矣

用之則行最難所以孔子言行義以達其道未見其人也

聖人言學易可以無大過此非設言也蓋必有己所獨得而人不及知者焉

孔子晚年喜易猶曰假我數年以學易可以無大過況常人之於學可不知所勉乎

聖人惟言求仁仁則萬事出於正不仁則萬事出於不正

孔子曰我非生而知之者蓋以氣質言也故朱子曰生知者氣質清明義理昭著

朱子於吾無隱乎爾章以作止語默無非教也釋之蓋作與語屬動陽之發也止與默屬靜陰之爲也動靜陰陽曷莫非是道之著至於動而靜靜而復動循環無端則又道之至妙至妙者也其示人之意豈不顯而易見哉

聖人無行而不示人以至理理即作止語默之則也人多以言語觀聖人而不察其天理流行之實故聖人無行而不示人者皆天理流行之實也天理只是仁義禮智信散而爲萬善當於聖人作止語默之間一一默識其何事是仁何事是義何事是

禮智信無不了然於心而無疑庶可以知聖人所以爲聖矣

朱子曰聖人作止語默無非教也盖作與語是動動即太極之用所以行也止與默是静静即太極之體所以立也用之行中與仁是也體之立正與義是也作止語默皆太極之道所謂無非教也

聖人一身動静無非仁義禮智之德充乎中而發乎外其示人可謂無隱矣

聖人體道無隱其作與語是動處即感而遂通天下之故天下之達道也其止與默是静處即寂然不

動天下之大本也

夫子四教忠信爲文行之本

孔子言有恒者難見驗之信然

陳司敗謂孔子有黨孔子曰丘也幸苟有過人必知之其氣象之大可想

孔子曰若聖與仁則吾豈敢抑爲之不厭誨人不倦則可謂云爾已矣讀論語者須要見何者是聖人之爲聖與仁不厭處何者是聖人以仁與聖誨人不倦處

詩曰至于大王實始翦商朱子論語集註用舊說最

是唯如此則與三以天下讓之言相合通攷中金履祥熊禾皆力辯詩人之言謂姑取其王迹之所由始耳大王實未始有翦商之志若如其說則泰伯三以天下讓之言爲不通矣

夫子既稱泰伯三以天下讓則詩人之言爲有自大王果無翦商之志則必不稱泰伯三以天下讓只泰伯之逃便見與大王之志有不合處使大王無翦商之志天下無歸周之勢周一侯國耳泰伯之去夫子當稱其三以國讓足矣何至稱其三以天下讓耶以夫子之言證詩人之語則集註

尤爲確論而通致金熊之說有不然矣

金氏熊氏辨大王事所以爲名教慮其意固美但以夫子稱泰伯三以天下讓之語觀之則當時天下蓋有歸周之漸周之子孫又多賢聖大王亦已逆知天命人心之徵矣故欲傳位季歷以及昌泰伯知之遂逃去若如金氏之說詩人皆假設張大之詞則大王欲傳季歷以及昌之意又何爲耶

書言大王肇基王迹詩言實始翦商皆相合

孔子以至德稱泰伯文王乃萬世之人極

曾子曰戰戰兢兢如臨深淵如履薄氷君子之守其

身可不謹乎

父母生子耳目口鼻四肢百骸無不備人子能體其全而歸之斯謂之孝天之生人五常百行之理無不全人能以事親之心事天於天所賦之理無一之或失則亦天之孝子也

顔子犯而不校乃其量大無所不包譬以寸莛而撞千石之鐘固不能使之鳴也顔子幾于無我觀曾子之言可見

常人纔有觸即有不平意只是量小

犯而不校最省事

氣質之蔽最深民不可使知之是皆蔽之深不能有以開其識也

子曰巍巍乎舜禹之有天下也而不與焉朱子曰不與猶不相關言不以位為樂也蓋舜禹德冠人群雖處富貴之極而漠然無所動其中況肯窮侈極欲以位為樂乎宜乎夫子以巍巍稱之其高也可見矣

但為外物所動者便被他壓得低了巍巍乎高出萬物之表者其惟舜禹乎

舜禹之有天下而不與蓋天下雖大而不能加性分

之毫末

舜禹有天下而不與分定故也

天命甚微聖人所罕言春秋多言之皆微其辭

聖人雖罕言命而論語所言者無非命之理雖罕言仁而所言者無非仁之道蓋命即元亨利貞賦于人為仁義禮智之性聖人一言一事豈有出於性命之外者學者默而識之可也

聖人之心方其靜時至虛至明所謂寂然不動者也事至物來應之各有條理所謂感而遂通者也是其未應之時初無一毫妄念之起所謂無意也既

應之后隨事而休所謂無必無固無我也

孔子曰多乎哉不多也世儒以該愽為能而不察其
理之有無者去道遠矣

顏子仰彌高鑽彌堅在前在後皆指此理而言愽文
是明此理約禮是體此理欲罷不能是悅此理既
竭吾才如有所立卓爾是目中了了見此理雖欲
從之末由也已是不可熟此理理者何即天命之
性具於聖人之心率性之道由於聖人之身者也

朱子釋彌高彌堅曰無窮盡釋在前在後曰無方體
蓋無窮盡者理之大而不可恨量無方體者理之

妙而無所不在其實一也

仰之彌高鑽之彌堅瞻之在前忽焉在後此言性也

性無窮盡無方體朱子謂之道道即性也

顏子所言高堅前後朱子曰道體也道體即性也

聖人教人博文致知格物明善凡知之功皆明此心之性也教人約禮誠意正心固執凡行之之功皆踐此心之性也

博文知崇也約禮禮卑也

博文是明此理約禮是行此理

子在川上曰逝者如斯夫不舍晝夜是就水言道之

徃者過來者續無一息之停也所謂道體正在水上水尤易見道體故發以示人

子在川上曰逝者如斯夫不舍晝夜即中庸之至誠無息也

逝者如斯夫不舍晝夜即元亨利貞之理

常人役役于物忽有一念之善生即夫子所謂平地雖覆一簣進吾徃也平日力扵為善忽有一念之懈生即夫子所謂辟如為山未成一簣止吾止也雖数十年務學之功茍有一息之間則前功盡棄故曰為山九仞功虧一簣

語之而不惰者只是顏之心深契聖人之言故每聞每新忻悅不已而行之疊疊忘倦若心與言不相契則每聞每厭矣尚安能忻悅不已而發之所行哉

語之而不惰者夫子獨稱顏子其余聞夫子之言而惰者亦恐多矣

論語曰吾末如之何也已矣言人自絶於善雖聖人之教亦無所施也

匹夫之志未必皆出於正而猶不可奪况君子之志在於道孰得而奪之哉

不忮不求可以為守身之法

鄉黨一篇皆聖人之時中

色斯舉矣翔而後集大而出處小而交接皆當見幾而作也

色斯舉矣翔而后集可以人而不如鳥乎

卷之五終

薛文清公讀書全録類編卷之六

○論語下

德是得於心行是德之見於事者如仁義禮智德也仁行於孝親義行於事君禮行於長幼智行於夫婦之類皆行也

原始而知其來者如此則反終而知其往也亦如此死生非有二致也

原始而知其來也自無而有則反終而知其自有而無也必矣人惟不知原始反終之理故舉俗為異端惑○原始反終只是一理故知生則知死矣

觀雲亦可以知生死之說倏然雲聚而有形者猶精氣為物也倏然雲散而無迹者猶遊魂為變也精氣為物者自無而有遊魂為變者自有而無

原始而精氣成物神之情狀生之說也反終而遊魂為變鬼之情狀死之說也

陰精陽氣聚而為物神之伸也即人之始而生魂遊魄降散而為變鬼之屈也即人之終而死此所謂人者鬼神之會也與

曾點言志便是道也者不可須臾離也可離非道也無物不有無時不然

曾點之鼓瑟希鏗爾舍瑟而作對曰異乎三子者之撰其動靜從容者此理也莫春者春服既成冠者五六人童子六七人浴乎沂風乎舞雩詠而歸者亦此理也是則人欲盡處天理流行隨處充滿無少欠缺安往而不然哉

聖人與曾點言志處全在言外蓋曾點當春風和煦之時浴乎沂風乎舞雩見夫天地上下同流不息飛潛動植萬物各得其所此時曾點之心即對時育物之心乃聖人物各付物之妙故曰與聖人之志同便是天地氣象此夫子所以與點也

曾點言志便是太極陰陽五行萬物流行各得其所
之妙
曾點言志便是乾道變化各正性命誠斯立焉
朱子曰曾點之學蓋有以見夫人欲盡處天理流行
隨處充滿無少欠缺即取之左右逢其原語大天
下莫能載語小天下莫能破道也者不可須臾離
也之意
觀曾點之志雖至小之事不可妄爲是何也以道無
不在也
朱子解曾點言志處有三節其曰曾點之學蓋有以

見夫人欲盡處天理流行隨處充滿無少欠缺故其動靜之際從容如此此一節言其應對之際也其曰而其言志又不過即其所居之位樂其日用之常初無舍己為人之意此一節言其言志也其曰而其胷次悠然直與天地萬物上下同流各得其所之妙隱然自見於言外此一節又是想象曾點言外之意與聖人之志同處便是天地氣象也

曾點見夫人欲盡處天理流行鳶飛魚躍之意

記曾點之言志獨詳其本末亦見道之大意者與

曾點言志只是箇仁字

顏淵問仁專言之仁朱子以心之全德釋之則仁義禮智之德無不包矣

克己為仁孔門有顏子。克己復禮與天地合德

克己之目動兼視聽言三者

目之逐物最為喪德故四勿以視為先

非禮勿視聽言動便是克己視聽言動之合禮處便是復禮

視聽言動善惡吉凶悔吝之幾皆由於此檢察身心只在視聽言動上用工夫

禮者天理之節文孔子謂克己復禮為仁何也盖仁

即天理也人欲熾則天理不行必克去己私事事
皆復於禮則天理流行而為仁矣
顏子為仁之效天下歸仁仲弓為仁之效家邦無怨
其大小可見
視箴曰蔽交於前其中則遷所謂蔽者非止謂非禮
之色凡見一切可好之物目逐之而動者皆是也
孔子曰焉用殺論語二十篇無以殺字論為政者聖
人之仁心大矣
孔子曰忠告而善道之不可則止無自辱焉此章有
易道存焉蓋能見幾知止也

道人以善不可則止其知幾乎

聖人謂舉爾所知爾所不知人其舍諸正欲人各舉其所知也必欲舉人皆出於己何以公天下取人之道乎

居處恭執事敬存吾心之天對越在天之天即顧諟天之明命畏天命尊德性之謂也

克伐怨欲不行心尚為四者之累而不虛必四者凈盡則心虛而仁全矣

制服私意而不拔其根如蓄火於毛羽之中得風復然矣故克伐怨欲不行固為難不若克伐怨欲凈

盡之為至也

欲寡而理明則心虛而自無克伐怨欲之累貧而無怨難富而無驕易宜深體之

欲寡其過而未能之意時時不可忘此實修己之要也○蘧伯玉之使以夫子欲寡其過而未能之言對孔子之問不惟能知伯玉之心其能自知也審矣

君子思不出其位而天下定矣

夫子發莫我知也之嘆蓋當時之人雖知夫子為聖人但雷同知其名而已實不知聖人之所以為聖人也知聖人所以為聖人如愚之顏一唯之曾子

而已如子貢之高識猶未及此故曰知我者其天乎然扵斯之際子貢雖未能盡領夫子之嘆若後來性與天道不可聞之言夫子猶天不可階而升及綏來動和之論則子貢亦可謂深知夫子矣

知上達天理由下學人事則凡事不可不謹

下學上達如事君事親事長皆人事也能盡事之之道則仁義之理不外扵是所謂上達也以至視聽言動飲食男女之類皆人事也扵是而處之各得其宜則天理也下學人事形而下之器也上達天理形而上之道也有是事則有是理有是器則有

是道精粗本末無二致也程子所謂意在言表者在人因人事而默識天理耳

天理人事精粗無二致故下學人事即所以上達天理也○謹守下學自能上達

盡事親之道而得其仁盡事君之道而得其義盡夫婦之道而得其知盡事兄之道而得其禮盡朋友之交而得其信皆所謂下學人事上達天理也以至盡耳目口鼻手足之道而得聰明正肅恭重之理又皆所謂下學人事上達天理也

必上達乃有天知之妙

人皆知夫子爲聖而不知夫子所以爲聖欲知夫子所以聖則默契化育之妙有非言語所能及也故曰知我者其天乎

聖人不怨天不尤人心地多少灑落自在常人纔與人不合即尤人纔不得於天即怨天其心忿忮勞擾無一時之寧泰與聖人之心何啻霄壤

下學而上達知我者其天乎下學學人事上達達天理也人事如父子君臣夫婦長幼之類是也天理在人如仁義禮智之性在天如元亨利貞之命是也蓋下學父子君臣夫婦長幼之人事便是上達

仁義禮智元亨利貞之天理也謂之天知者非聞見之知也乃天與聖人默契為一是以人不能知而天獨知也然五者姑舉事之大者而言其實無一而非下學人事上達天理也

知我者其天乎猶中庸所謂知天地之化育言與天地之化育默契為一非但聞見之知而已但中庸言已契天論語言天契已其實一也

言忠信是於此理所存所發無不實行篤敬是於此理厚而用力無敢輕忽前倚衡是於忠信篤敬念之不忘夫如是則天理常存無往而不可行矣

孔子稱直哉史魚君子哉蘧伯玉二者君子必慎所
取焉

聖人以四代禮樂告顏子使其得位則於前代之法
必有因有革未必盡溺古法也

以顏子之亞聖聖人猶告以遠佞人況他人乎理明
心正則邪媚不能惑

孔子曰斯民也三代直道而行也是則三代之治後
世必可復

人能弘道非道弘人見氣強而理弱○如手足耳目
口鼻之類皆人也其理則道也須於是手足之類

事事操持其理斯存所謂人能弘道也若手足之
類不加操持則理豈能自存哉此道不能弘人也
知及之仁不能守之雖得之必失之狂者也
觀師免見一章可見聖人接物之誠心若常人之於
瞽者鮮不忽易而欺詒之於此亦可以觀聖人之
氣象○觀聖人與師言辭語從容誠意懇至直使
人感慕於數千載之上
孔子言生而知之學而知之其知之字皆指知性而
言故為學之本求知其性之所有全之而已
學而知之之工夫條目如格物致知擇善明善博學

審問慎思明辨學聚問辨博文知性知天之類皆是也

孔子惡利口之覆邦家者千萬世國家亂亡皆由於此○患得患失之心推其極不仁之甚者也

天何言哉四時行焉百物生焉天何言哉聖人以道體告子貢而子貢未喻也

四時行百物生莫非天理發見流行之實所謂天理即元亨利貞是也聖人一動一靜莫非妙道精義之著所謂妙道精義即仁義禮知是也在天為天理在聖人為妙道精義其理一也

天理發見流行於四時行百物生不待言而可見妙道精義著見於聖人之一動一靜又豈待言而後顯哉○天既無言恐理亦無名

天道無言而四時行萬物生聖人不言而四德著萬善全其致一也

學者多以言語觀聖人而不察其天理流行之實有不待言而顯者是以徒得其言而不得其所以言蓋能得其所以言則於聖人之言仁便知聖人身上何者是仁言義便知聖人身上何者是義以至聖人凡所言之理皆於聖人身上求其實則天理

流行之實有不待言而著者可默識矣
四時行百物生即逝者如斯夫不舍晝夜之意
天理發見流行之實不但四時行百物生而已如雨
露霜雪風霆鬼神星辰雲物山峙川流凡有形有
色有動有息者皆天理發見流行之實也
纔到理處便難言滞於言則愈蔽孔子曰天何言哉
四時行焉百物生焉天何言哉天何言哉即無極
之妙○天何言哉其理則至顯
天雖不言而元亨利貞循環無端運而為春夏秋冬
之序發而為温熱凉寒之氣萬物生長遂成各正

性命夫豈待言而後顯哉
聖人發無言之教以示學者當求聖人之道於一身
動靜應事接物之間不可專求聖人之道於言語
文字之際也○上天之載無聲無臭復何言哉
孔子周流四方欲行其道於天下豈不如長沮桀溺
之徒知道之終不能行但聖人仁民之心即天地
生物之心天地不以窮冬大寒而已其生物之心
聖人亦豈以時世衰亂而已其行道之心乎
長沮桀溺之徒其言聖人雖非其自處却是蓋天下
有道則見無道則隱賢者只當守此義若聖人則

無不可為之時不當以賢者例之也

學須切問近思方可見道不遠人○切問近思最於身心有益

信而後諫未信則以為謗己也君臣朋友皆然可不慎哉○灑掃應對亦精義入神致用之事

灑掃應對雖小子事尊長之禮然禮即天理之節文精粗本末又豈二乎

允執厥中朱子謂堯之一言至矣盡矣蓋中者天命之性萬理不外乎中故朱子云然

不知言則無以知人蓋知言則理明於人之賢否無

遁情如鑑之照物

聽人之言即知其人之邪正所謂知言知人也

莫大於理天下之言合乎理者為是不合乎理者為

非惟知言者能辨之

聽人之談即知其是非邪正所謂知言知人也

惟知言窮理則能知人之邪正

知言則能知人如持權衡以較輕重錙銖不差

○孟子總

孟子七篇托始於仁義誠能默識而旁通之則全書

之旨不外是矣

孟子得仁義禮智之大者其言千變萬化皆由此出
孟子守得大綱定遇事只以此應之大綱者何仁義禮智是也
孟子告君皆先正其心
孟子七篇雖論有不同皆本於此心之義理學者忘之時多所以於義禮不熟
孟子一書皆從仁義禮知中流出所以為聖賢之言所以為王者之道
戰國之時舉世趨利而孟子言仁義是以所如不合
孟子論王政大要不出乎教養二端

孟子之書齊梁諸國之君皆稱謚則成於後來弟子無疑○孟子處戰國之時不言兵其仁心大矣

孟子書首言利之害千萬世之失皆由於此滔滔趨利之勢不已必至於亂非聖賢孰能救之此孟子之書首言仁義以拔本塞源也

孟子老吾老以及人之老幼吾幼以及人之幼王道仁政皆自此出有一夫不獲其所聖人之心為之戚然不寧

所謂王道者真實愛民如子孟子所謂老吾老以及人之老幼吾幼以及人之幼上以是施之則民愛

之如父母者有必然矣

老吾老以及人之老幼吾幼以及人之幼聖人之仁政皆自此推之

行或止之止或尼之行止非人之所為也天也順乎天則心自泰然矣

孟子不尤臧倉與孔子不尤公伯寮之意同

志固難持氣亦難養主敬可以持志少欲可以養氣志動氣多為理氣動志多為欲

言要緩行要徐手要恭立要端以至作事有節皆不暴其氣之事

約其情使合於中亦養氣之事也

孟子言志至焉氣次焉故曰持其志無暴其氣既欲内持其志又欲外無暴其氣内外本末交相培養此養氣之法下文又言我知言我善養吾浩然之氣蓋知言者盡心知性物格知至之功又在持志之先理明則能持志集義而又無忘無助長則浩然之氣自生矣曰持其志無暴其氣曰知言曰集義曰勿忘曰勿助長皆養氣之法其序則先知言而後能持志集義若無暴其氣勿忘助長皆養氣之節制

怒至於過喜至於流皆暴其氣也
語言動作皆氣也有過處皆足以動心
欲動情勝氣壹之動志也
人能於言動事爲之間不敢輕忽而事事處置合宜
則浩然之氣自生矣
浩然之氣即乾元坤元之氣人資以爲始爲生者也
朱子曰浩然之氣乃天地之正氣人得以生者其
斯之謂與○易有陰陽即浩然之氣也
凡聖賢論内外存養之功皆養浩然之氣也
動靜語默皆有節不使有大過者皆養浩然之氣也

浩然之氣即乾元之氣也

孟子言浩然之氣至大至剛至大則大而六合細而一塵無非此氣之充周至剛則貫崖石而草木生透金鉄而繡澁出人之氣即天地之正氣也能直養而無害則塞天地貫金石至大至剛者可見矣至大是氣之盛大而無外至剛是氣之流行而無間

孟子言浩然之氣至大至剛及言知性知天是其論理氣處

朱子曰義者人心之裁制道者天理之自然既曰天理則仁義禮知皆道也義則人心裁制是道使合

宜耳既言道義下文又止言集義蓋事事合宜即道之合宜也○忘與助學者之通患

必有事焉而勿正與正其誼不謀其利明其道不計其功之語畧同但董子就事言孟子就理言

勿忘最切扵學者與道相悖者只是忘之而念不在是也○勿忘勿助即天理存

勿忘勿助長最切扵日用之功而勿忘尤急

勿忘最是學者日用切要工夫人所以心與理背馳者正緣忘扵有所事耳誠能時時刻刻不忘扵操存省察等事即心常存而天理不忘矣

舍而不求為忘求之大過為助長勿忘勿助長

知言物格知至也知此而觀天下之事是非得失了
然矣惟不知言為異端惑為小人罔為俗學眩知
言則無此失矣○理明而觀衆論之得失了然

知言最難惟心乎道乃能知古今天下言之是非

知言則知人纔聽人之言便知其於理有是非

知言者書無不通理無不明之謂

朱子曰其心明乎正理而不蔽然後其言平正通達
而無病此知言所以能知人也

不忍人之心即天地生物之心所謂元也

聖人不忍人之心即天地元亨利貞生物之心人皆有是心惟聖人能全盡耳

天地以生物為心而所生之物因各得夫天地生物之心以為心所以人皆有不忍人之心苟為物欲所蔽失其不忍人之心所謂戕滅天理自絶本根者賊殺其親大逆無道也故謂之賊

詩曰永言配命自求多福朱子曰命天命也天命即元亨利貞也永言配命即已之仁義禮知之德合乎天命自然順理而多福矣

惻隱羞惡辭讓是非皆善幾之發見也

四端雖並說然必有惻隱之心斯有羞惡辭讓是非之心此仁所以統四德也

滿腔子惻隱之心即藹然天地生物之心

孟子言人無四端非人也人無四端則靡所不為而入於禽獸矣

程子曰四端不言信者既有誠心為四端則信在其中矣愚謂若無誠心則四端亦無矣故學道以誠心為本

孟子言仁義禮知之性惻隱羞惡辭讓是非之情道之體用全具古今天下之理不外乎此

舍己從人最為難事所以舜稱堯孟子稱舜
善莫大於取人之善
孟子道性善言必稱堯舜又曰聖人人倫之至也又
曰堯舜性之也是則聖人之所以為聖人者全此
性而已○性即理也理即堯舜至於塗人一也故
復性則可以入堯舜之道
孟子曰道一而已矣朱子註曰古今聖愚本同一性
是則自堯舜至於塗人同一性也如書言峻德玄
德迪德大德一德懿德以至言道心言中言降衷
言天之明命之類雖所主有殊而莫非性之理也

故自堯舜禹湯文武周公孔子顏曾思孟相傳之道又豈外於性哉所謂道一而已矣者於此可見

觀孟子荅井地之問則其法壞已久矣

孟子曰天之生物也一本知易者莫若孟子

孟子之言光明俊偉如荅景春大丈夫章讀之再三直使人有壁立萬仞氣象如濯江漢而暴秋陽也快哉快哉

子路曰未同而言觀其色赧赧然非由之所知也故與人未合者切不可強與之言曾子曰脅肩諂笑病於夏畦觀此則君子之所養可見

孟子曰天下之生久矣一治一亂即易之陰陽盛衰之理也知易者莫若孟子

○孟子下

詩曰不愆不忘率由舊章孟子曰遵先王之法而過者未之有也蓋祖宗更事多爲慮深故立法周且容後世率而循之何失之有

順理便是順天天之外無理理之外無天也

其何能淑載胥及溺詩之意深遠矣非孟子孰能知之○雖明善而反諸身不誠終未有得也

知而不去爲智雖知不能固守而去之焉得爲智

孟子曰君子深造之以道欲其自得之也道者進為之方如學問思辨博文約禮之類是也循此而進潛翫積久則有自得之妙不循此而進徒事於記誦詞章之末欲求自得之妙難矣

學到口不言而心自得者乃可言自得也

孟子言取之左右逢其原原即天命之性也性無時不發見於日用之間故取之左右逢其原原如水之有來處

左右逢其原隨處皆此理無窮盡無方體

左之左之右之右之無非此理識得誠不知手之舞

之足之蹈之

孟子深造之以道一章至妙非知道者孰能識之

慱學而詳說之將以反說約也約乃理之統會一元

上天之載無聲無臭至矣

慱學詳說反到至約之處則無聲無臭矣

性本自然非人所能強為也順其自然所謂行其所

無事也有所作為而然則鑿矣

小知之人得用即用漫不知行其所無事

率性而行即孟子所謂大智也

源泉混混不舍晝夜生生之氣無窮

孟子曰使吏治其共賦後世分封者多用其言

伊尹在畎畝樂堯舜之道即隱居以求其志及其相
湯即行義以達其道

孔子微服過宋其自處雖禍慮事則容

聖人仕止久速皆循乎理之自然觀孔子可見矣

孟子論孔子之仕止久速皆踐履易之道也

行之久速皆有理焉順理處之可也行之久速由乎
天故不可尤人

道無往而不在故仕止久速當無往而不謹

始條理之事有缺則終條理之事不全

孟子曰人之可使爲不善其性亦猶是也此亦言氣質之性

水爲搏激之可使過顙在山而就下之性常在性爲氣質物欲拘蔽爲惡而善之性常在

知覺運動之蠢然人與物同者人皆知之仁義禮知之粹然人與物異者知之者鮮矣

告子以食色為性若紾兄之臂而得食得為性乎踰東家墻摟處子則得妻得為性乎故食色氣也食色之理性也

螻蟻之微或慄戕之即瞿然心動乃知惻隱之端非

由外鑠也

是非之心人皆有之反之有不可曉者

舉天地萬物皆物也天地萬物之理其則也

詩云天生蒸民有物有則人之秉彝好是懿德孔子曰為此詩者其知道乎以有一物必有一理而言謂之則以秉執此常理而言謂之秉彝以是理之美得於心而言謂之懿德則也彝也德也皆理也理即道也故曰為此詩者其知道乎

耳目口鼻小體也皆能知聲色臭味心大體也反不能知義理是非惑莫大焉

夜氣如泉源浠之數亦不能清矣君子所以貴乎存息也

平旦虛明氣象最可觀使一日之間常如平旦之時則心無不存矣

平旦虛明之氣象有難以語人者惟無忘者能識之

平旦未與物接之時虛明洞徹胸次超然真所謂清明在躬志氣如神者此蓋夜氣澄清之驗苟一日之間勿使物欲汩雜而神清氣定常如平旦之時則心恒存而處事無過不及之差矣

瑄因憶少年時晚間誦書愈數而不能誦至來早即

心忘豁然昨晚所讀之書悉能成誦今思之晚間多不能記者氣昏也早間能背誦者氣清也此亦可驗夜氣之説

孟子一暴十寒之喻皆格心之學

孟子言仁亦在乎熟之而已譬之飲食熟則消融而有益生則非徒無益又將有害焉此為仁貴乎熟也○孔子微罪去魯之心非孟子莫能知

孔子去魯不欲顯其君相之失真天地之量也

好善優於天下若自用已能惡聞人善何以成事功聞一君子進則喜好善之心自不能已也

動心忍性則日新矣

盡心工夫全在知性知天上盖性即理而天即理之所從出人能知性知天則天下之理無不明而此心之體無不貫蓋不知性知天則一理不通而心即有礙又何以極其廣大無窮之量乎是以知盡心工夫全在知性知天上

孟子曰知性知天學至於知性知天則物格知至矣知一人之性十人之性百人之性千萬億人之性無不同也知一物之性十物之性百物之性千萬億物之性無不同也知人物古今之性無不同則心

之全體大周無不該貫初無限量之可言矣

孟子曰知其性則知天矣天者性之所自出即天命之性也○惟天之一字足以包括萬里在物曰性在天曰天天也性也一源也故知性則知天矣○知性知天則理無不明矣

天命之性渾然無間故存心養性即所以事天也

求在外者未可必求在內者必可得未可必者一聽於天必可得者當責之已

反身而誠最為難事反身而誠則實有諸已矣

孟子曰強恕而行求仁莫近焉故忠恕違道不遠

大舜聞一善言見一善行沛然莫之能禦即感而遂
通天下之故也
性命之理具於心施於四體四體不言而喻者熟也
孔子登泰山而小天下聖人所處愈高則所見愈下
矣○大莫大於道觀於海者難為水遊於聖人之
門者難為言
至大者道也聖人之門而道存焉遊其門者難為言
可知矣○道大無對故遊於聖人之門者難為言
無限量無空缺無間斷無窮盡大莫大於此理故遊
於聖人之門者難為言

朱子解孟子孔子登東山章言聖人之道大而有本即天命之性也

舜蹠之分造端於善利之間充越於天壤之異小人所知者不過耳目百體嗜好之私迷溺其中終身不覺也

親親而仁民仁民而愛物其理一為仁分殊為義

親親而仁民仁民而愛物皆仁也於親曰親於民曰仁於物曰愛仁之施各得其宜者義也此仁之理一貫乎分殊之中義之分殊不在理一之外也

凡有挾者必自小如挾賢挾能挾富挾貴是也

不能三年而緦小功之是察放飯流歠而問無齒决

不能於大而謹於細也

良心開而天理明猶山徑之蹊間介然用之而成路

良心蔽而天理暗猶為間不用而茅塞之也

不知時識勢而妄為即孟子所謂小有才而不知君

子之大道

盆城括小有才而不知君子之大道適足以殺其身

蓋人知大道則明於進退存亡吉凶消長之理必

不至於輕率遂十妄為以取禍也

守約是守此心性之理施博是推此心性之理

守約斂之退藏於密施博放之彌滿六合

守約施博體用之謂也○約者要也博而約一以貫之所博者是則自得其要所博者非則不能守約矣

孟子曰不下帶而道存焉舉目而皆物即物而道存不下帶而道存焉此道不可離也

孟子言見而知之聞而知之尹氏曰知謂知其道也蓋道即仁義禮智之道也程子明道者明是道也

伊川言學者於道不知所向所至亦此道也道即朱子所謂天理民彝性是也性外無道道外無性千古聖賢所知所傳者豈外於是哉

見而知之者聞而知之者自堯舜至孟子其人可考

周程朱子蓋亦神會心得聞而知之者

先儒言聞道見道者但心悟其理故借聞見以明之

非真有聲之可聞有形之可見也

卷之六終

薛文清公讀書全録類編卷之七

○太極圖説

無極而太極非有二也以無聲無臭而言謂之無極以極至之理而言謂之太極無聲無臭而至理存焉故曰無極而太極以性觀之無朕兆之可窺而至理咸具即無極而太極也

統體一太極即萬殊之一本各具一太極即一本之萬殊統體者即太德之敦化各具者即小德之川流

太極圖上一圈純以理言而其下餘圈則兼以氣言然上一圈即在下餘圈之中所謂精粗本末無彼

此也

無極而太極便是元亨利貞天命之全體渾然而未分者動而生陽靜而生陰即天命之流行也

無形而有理所謂無極而太極有理而無形所謂太極本無無極形雖無而理則有理雖有而形則無此純以理言故曰有無爲一老氏謂無能生有則無以理言有以氣言以無形之理生有形之氣截有無爲兩段故曰有無爲二

太極一圈中虛無物蓋有此理而實無形也

無極而太極惟無形而有理一言括盡

無極立言本欲明此理之無方所無形象耳後人將作虛無之無看則失周子之意矣

即太極無聲無臭而陰陽五行男女萬物之象已具於其中所謂體用一源也即陰陽五行男女萬物之象而太極之理無所不在所謂顯微無間也

太極圖水火木金土五圈雖曰各具一太極其實初無間隔渾然一理已具而五行各得其一天地萬物皆如此

無窮盡無方體太極是也

理本無名字字之曰太極

太極理也陰陽氣也理只在氣中非氣之外懸空有
太極也朱子曰此無極而太極也所以動而陽靜
而陰之本體也然非有以離乎陰陽也即陰陽而
指其本體不雜乎陰陽而言耳
三才雖各一太極又總是一太極如天有元亨利貞
地亦有元亨利貞人亦有元亨利貞分而言之為
三才各一太極合而言之地與人之元亨利貞即
天之元亨利貞是三才各一太極又總是一太極
也
太極十箇圈總是一箇而二氣五行男女萬物之外

無太極也
太極者本然之妙也動靜者所乘之機也理與氣無
間亦無息也
無極太極理也陰陽五形氣也無極太極非有離乎
陰陽即陰陽而指其本體不雜乎陰陽而為言是
理雖不雜乎氣亦不離乎氣也五行雖各具一太
極而五行各有其氣是理雖不雜乎氣亦不離乎
氣也無極之真二五之精妙合而凝是理氣相合
而無間也男女各具一太極而男女各有陰陽是
理又未嘗離乎氣也萬物各具一太極而萬物皆

有陰陽是理又未嘗離乎氣也是則萬物男女五
行一陰陽陰陽一太極太極本無極初無精粗本
末之間則理氣不相離可見矣
四方上下遠邇内外在在處處皆是理之充塞而生
物之機未嘗息視之雖不可見然冲漠無朕之中
萬象森然已具所謂無極而太極也
太極是元亨利貞渾然未分之理纔動而生陽是元
亨誠之通静而生陰是利貞誠之復一動一静天
命流行分陰分陽兩儀立焉陽變陰合而生水火
木金土元亨利貞分五性五行各一太極也性氣

妙合生男生女男女各具五性男女各一太極也形交氣感化生萬物萬物各具五性萬物各具一太極也

無極太極陰陽五行四時男女萬物渾然一理而無間隔一以貫之

就天地萬物中各具一理者各具之太極也合天地萬物為一理者純體之太極也

陽動之時太極在陽中陰靜之時太極在陰中以至天地萬物無所不在此理不雜乎氣亦不離乎氣也

萬物統體一太極者道之體也萬殊之所以一本也

萬物各具一太極者道之用也一本之所以萬殊也

太極者萬理之總名〇太極圖一以貫之

太極圖義理精而約該而備

太極中無一物人能中虛無物則太極之妙可默識矣

太極觧未至此而脩之不知此而悖之此皆指中正

仁義而言

人之一動一靜而太極無不在焉太極者本然之妙

也動靜者所乘之機也陰陽動靜亦如此

太極是性之表德

觀太極中無一物則性善可知有不善者皆陰陽雜揉之渣滓也

無極而太極天地之性也太極動而生陽靜而生陰氣質之性也天地之性以不雜者言之故曰無極而太極〇是也氣質之性以不離者言之故曰太極動而生陽靜而生陰◎是也然無極而太極即陰陽中之太極陰陽中太極即無極而太極太極雖不雜乎陰陽亦不離乎陰陽天地之性氣質之性一而二二而一者也

無極而太極氣未用事故純粹至善而無惡及動而

生陽靜而生陰則善惡分矣

無極而太極天地本然之性也陰陽太極氣質之性也天地本然之性就氣質中指出不雜者言之氣質之性即本然之性墮在氣質中者初非二性也

太極理也生物之本陰陽五行氣也生物之具男女萬物皆自此出而理氣則渾融無間也

太極者合天地萬物之理而一名之耳

朱子曰無極而太極所以明夫道之未始有物而實為萬物之根柢也

太極圖見天人合一之妙

動靜者陰陽也所以動靜太極也蓋太極有動之理故動而生陽太極有靜之理故靜而生陰

男女氣化之太極與萬物形化之太極一也氣化言男女而萬物在其中形化言萬物而男女在其中互文也

周子太極圖畫出理氣示人

人之一呼者太極動而陽也一吸者太極靜而陰也吸爲呼之根呼爲吸之根即陰陽之一動一靜而互爲其根也以至一語一默無不皆然則太極陰陽之妙又豈外於人之一身哉

太極性理之尊號道爲太極理爲太極性爲太極心
爲太極其實一也

不可於中正仁義之外求太極

太極既無聲無臭而又可圖之乎當默識於圖之表

神妙萬物之體神妙萬物之用即太極也

太極只在乎動靜而已

太極動而生陽且從動處說起其實動自靜中來觀
右半陰中之陽可見静又自動中來觀左半陽中
之陰可見程子所謂動静無端陰陽無始張子所
謂陰陽之精互藏其宅者於是可見

一物各具一太極之中又有統體各具者存焉如一人各具一太極也一人之身心又統體之太極也五臟百骸之理又各具之太極也一草一木各具一太極也一草一木之根榦又統體之太極也枝葉花果又各具之太極也萬物莫不皆然

萬物各具一理物物各具一太極也萬理同出於一原萬物統體一太極也

太極者合天地萬物之理而一名之耳

合仁義禮智信言之統體一太極分仁義禮智信言之各具一太極也

朱子論太極曰惟其理有許多故其物亦有許多盖理有許多者冲漠無朕之中萬象森然已具也故其物亦有許多者皆由理有許多也

朱子太極圖解曰太極者本然之妙也動靜者所乘之機也此易之變易流行者也又曰太極形而上之道也陰陽形而下之器也此易之交易對待者也

朱子所謂易有兩儀者如此

人渾身統體一太極耳目口鼻四肢百骸五臟毛竅各具一太極

太極圖一言以蔽之曰理氣而已

太極不可以動静言然舍動静便無太極

朱子曰惟人也得其秀而最靈純粹至善之性是所謂太極也是則太極即性明矣

太極在陰中其體立太極在陽中其用行太極隨陰陽而無不在果不分也

太極圖只是陰陽兩端循環不已而理為之主

太極圖天地古今陰陽寒暑晝夜死生剛柔動静無不括盡

太極雖冲漠無形而兩儀四象八卦以至六十四卦無窮之數已森然具於其中矣

五行之生各一其性則渾然太極無不各具於一物之中而性之無所不在又可見矣然太極既無不在果不可分也

聖人定之以仁義中正而主静立人極焉中正仁義性也性即太極也萬物之生同一太極此不可分也因物物各具一太極若有分耳雖若有分而統體之太極實未嘗分也

◎太極第二圈◎太極陰陽皆具道器合一上以包無極而太極下以包五行男女萬物故朱子於解剥圖意終曰易有太極◎之謂也道器精粗本末

此圈畫之
太極圖理一而分殊○如一字有一理即是一太極
太極圈遠而萬古近而一息無能外者
問自其本以之末則一理之實而萬物分之以為體
故萬物各具一太極如此說則太極有分裂乎朱
子曰本只是一太極而萬物各有稟受又各自全
一太極爾如月在天只一而已及散在江湖則處
處皆見不可謂月分也又問理性命章如何下分
字曰不是割成片去只如月映萬川相似以朱子
之言觀之太極渾然一理其太無外其小無内人

物雖各得一理似乎分矣合而言之又渾是一理實未嘗分也正如天地間總是一月光萬川雖各得一月光又總是一月光也太極不可分於是可見矣

康節曰一動一靜之間乃天下之至妙至妙者蓋指貞元間太極也周子曰太極動而生陽動極而靜靜而生陰靜極復動蓋靜極復動即貞下起元即康節所謂貞元間太極也

◎此圖中一小圈即無極而太極動而生陽是右邊陰為之根靜而生陰是左邊陽為之根方其動也

則太極附動而行方其靜也則太極依靜而立陰陽相根理氣混合元無間斷先後

太極中無所不有而為陰陽五行男女萬物無所不在

無極而太極本然之性也太極動而生陽動極而靜靜而生陰靜極復動二氣五行化生萬物者氣質之性也

太極乃至精至約之理全之者聖備之者賢

太極圖水火木金土五箇小圈子即五行各具一太極也其下一小圈子乃理氣妙合而無間也又下一大圈子乃氣化生出男女牝牡雌雄而各具一

太極也又最下一圈子乃男女已生之後形交氣感形化萬物而各具一太極也

太極動而生陽雖自動處説起而其根却自靜中來如天之四時貞下起元是也然靜又根於動動又根於靜所謂動靜無端陰陽無始也

太極動而生陽神也靜而生陰鬼也鬼神者其太極乘氣機而屈伸乎

太極動而生陽但就動之端説起其實動之前又是靜也

只於身心口鼻耳目手足動靜應事接物至近至小處看太極又分明不必專論於千古之上六合之外也

然近者小者既盡則遠者太者可默識而一以貫之矣寒暑往來有一定之節萬物生育有一定之形人倫綱常有一定之理是皆太極為之主竆天地亘古今而不易者也

萬物盡天地老超然獨存再造天地萬物者其太極乎

天地陰陽古今萬物始終生死之理太極圖盡之

無極之真是性之全體靜虛為陰無極之真在陰中動直為陽無極之真在陽中明木通火公金溥水無極之真在五行中即圖之太極陰陽五行水靜虛陰也而曰明通木火根於陰也動直陽也而曰

公溥金木根於陽也即圖之木火根於陰水金根於陽之理人之息呼根於吸吸根於呼亦陰陽相根之理

靜看太極圖斯須離之不可得也

太極反之於身精而約者也

太極理雖至妙而其實不外乎身心動靜五常百行之間後人論太極即作高遠不可究詰之理求之去道遠矣

以氣中有太極則可以氣即太極則不可

誠者統體之太極也元亨利貞各具之太極也

元亨利貞春夏秋冬木火土金水仁義禮智信君臣父子夫婦長幼朋友青黄赤白黑鹹苦酸辛甘天命人性五常四時五行五色是皆一陰陽也陰陽一太極也

一本萬殊萬殊一本於太極圖見之

程復心太學章句圖首畫太極圖中間着一氣字是以氣言太極周子無極而太極專以理言也程説曰太極未有象惟一氣耳是即漢儒異端之説又豈識所謂太極哉

觀太極生兩義四象八卦則物之一本可知矣

物物各具一大極一而二也萬物統體一太極二而一也無極而太極乃周子指出陰陽中之理以示人實未嘗離乎陰陽也若誤認陰陽外別有一物為大極則非矣

聖人言大極就陰陽中指出此理以示人元不曾離陰陽而言如所謂一陰一陽之謂道形而上者之謂道形而下者之謂器皆不曾外陰陽而言道也

周子之大極即中庸之誠

太極之中無所不有所謂畫前之易也

太極即性命非性命之外別有太極也

太極貫天人之理爲一

太極即理也合天地萬物之理言之萬物統體一太極也就天地萬物之理言之一物各具一太極也統體者所以涵夫各具者似合矣而未嘗不分也各具者所以分夫統體者似分矣而未嘗不合也

太極中陰陽五行男女萬物之理無所不有所謂冲漠無朕之中萬象森然已具也無極是虛字正以無聲無臭明太極之無形耳

即樹根觀之須思未有根之先而冲漠無朕之中樹根之理已具逺夫氣機一動資始資生而理亦隨

之樹之根由是而生焉
屋極北極爲有形之極太極乃無形之極也故曰太
極本無極
天下無性外之物萬物統體一太極也而性無不在
一物各具一太極也語大天下莫能載萬物統體
一太極也語小天下莫能破一物各具一太極也
自太極之體統貫乎陰陽五行男女之用所謂體用
一源也即陰陽五行男女萬物之用而各具夫太
極之體所謂顯微無間也
太極陰陽五行男女萬物理氣混合爲一元無間滿

就中細分之則陰陽五行萬物各具一太極也

觀太極圖皆天理流行發見之實聖人定之以中正仁義而立人極以至與天地日月四時鬼神合德合明合序合吉凶皆妙道精義之著

太極圖右邊黑中之白白畫即為陽非自右而左也左邊白中之黑黑畫即為陰非自左而右也但假象以顯義姑以黑白分左右耳

太極圖上面太圈子即陰陽中小圈子在陰陽中見其不離在上見其不雜其實一而已矣非小圈外別有一圈為太極也

孔子曰易有太極又曰一陰一陽之謂道又曰形而上者之謂道形而下者之謂器皆兼理氣而言周子無極而太極則純以理言至動而生陽靜而生陰則兼以氣言矣

太極圖男女各一太極萬物各一太極又皆各有陰陽之氣涵太極非有理而無氣也

太極之有動靜是天命之流行也天命元亨利貞也動者元亨誠之通靜者利貞誠之復天命之流行是即太極之流行太極天命其理一也

即無極而太極觀之冲漠無朕之中萬象森然已具

所謂體用一源也即陰陽五行男女萬物觀之而
此理無所不在所謂顯微無間也
太極圖如水一源流而為千支萬派郤都只是源中
水也
周子作太極圖乃心得之妙畫出造化以示人
先儒梅根指太極姑舉一物而言耳如一草一木一
人一事一塵一芥安往而不可指大極哉
朱子論無極而太極所以動而陽靜而陰之本體也
動靜無時不然而太極無時不在
太極即是中正仁義非四者之外又有太極也

先儒月映萬川之喻最好喻太極蓋萬川總是一月光萬物統體一太極也川川各具一月光物物各具一太極也其統體之太極即各具之一本其各具一太極即全體之萬殊非有二太極也

朱子稱周子曰先生之精因圖以示先生之蘊因圖以發其曰精者即無極而太極陰陽五行男女萬物也其曰蘊者即包涵無窮之理也

太極圖用功之要只在君子脩之吉小人悖之凶脩之者脩此仁義中正也悖之者悖此仁義中正也故敬則欲寡而理明寡之又寡以至於無則靜虛

者正也義也太極之體以立動直者中也仁也太極之用以行而聖可學矣

後學不知太極即是性因見其名異駭而不敢求其說太道隱矣

四書通則太極之理不待講說而明矣

孔子言太極是指理言周子言無極是指此理無形而言

太極動而生陽神之伸也靜而生陰鬼之屈也屈伸相感動靜相因循環無端易之謂也

無極二字雖出於太極圖說然邵子曰無極之前陰

含陽也

太極圖五行各一圈雖曰各一其性各一太極其實初無空缺處但自統體者分之各有一太極耳男女萬物各有一太極亦如此

太極其太無外其小無内分而言之天地人雖各具一太極合而言之則統體一太極也

太極只是性朱子曰乾男坤女以氣化者言也各一其性而男女一太極也萬物化生以形化者言也各一其性而萬物一太極也又曰天下無性外之物而性無不在此無極二五渾融而無間也則太

極只是性可見

太極渾然其大無外其小無內無物不有無時不然實未嘗分也但就萬物各有一太極而言則似乎有分然渾然者則未嘗不統也

太極不可分者亦理無不在也

周子曰聖可學乎曰可曰有要乎曰有請問焉曰一爲要一者無欲也無欲則靜虛動直靜虛則明明則通動直則公公則溥明通公溥其庶矣乎蓋一即無極之真靜虛陰動直陽即兩儀明木通火公金溥水即四象朱子謂學者能深體而力行之則

有以知無極之真兩儀四象之本皆不外乎此心

而日用間自別無用力處矣

臨川吳氏曰太極無動靜故朱子釋太極圖曰太極之有動靜是天命之流行也此是爲周子分解太極不當言動靜以天命有流行故只得以動靜言竊謂天命即天道也天道非太極乎天命既有流行太極豈無動靜乎朱子曰太極本然之妙也動靜所乘之機也是則動靜雖屬陰陽而所以能動靜者實太極爲之也使太極無動靜則爲枯寂無用之物又焉能爲造化之樞紐品彙之根柢乎以

是而觀則太極能為動靜也明矣

太極即孟子所謂性與天也

太極圖說君子脩之吉即孟子存心養性之謂也

朱子曰太極之有動靜是天命之流行也所謂一陰一陽之謂道誠者聖人之本物之終始而命之道也其動也誠之通也繼之者善萬物之所資以始也其靜也誠之復也成之者性萬物各正其性命也是則太極也天命也道也誠也善也性也一理也

動而生陽靜而生陰即天命之流行也

心所具之理為太極心之動靜為陰陽

周子曰太極動而生陽靜而生陰朱子解曰太極本然之妙也動靜所乘之機也是太極即在陰陽之中周子曰陽變陰合而生水火木金土朱子解曰五行各一其性而渾然太極之全體無不各具於其中是太極即在五行之中也以太極生兩儀言之兩儀陰陽而太極無所不在即所謂太極本然之妙也動靜所乘之機也以兩儀生四象言之四象即水火木金而太極無不在即所謂五行各一其性而太極渾然之全體無不各具於一物之中也由八卦至六十四卦三百八十四爻每卦每爻

無非奇偶陰陽卦卦有太極爻爻有太極氣之所
在理隨在焉夫豈有虧欠間隔哉

太極動靜循環無端即維天之命於穆不已

太極圖右半陰中之陽即程子所謂靜中有物乃十
月純坤中之陽也

惟其萬物統體一太極故萬物各具一太極

太極合性命而統言之其致一也

人日用求太極只中正仁義便是此理然仁義中正
是各具之太極五性未發乃統體之太極也

周子太極圖朱子之解以心釋心者也熟讀精思二

三十年庶得其旨趣之妙殆非淺近之功所可得
而窺測也余見說太極者多矣苟非實得真說夢耳
太極圖說不過反覆推明陰陽五行之理健順五常
之性蓋天人合一之道也
孔子所謂易有太極者言陰陽變易之中而有至極
之理是就氣中指理以示人周子無極而太極言
雖無形之中而有至極之理則專以理言至太極
動而生陽靜而生陰則亦兼以氣言矣學者知無
者太極之無形有者太極之有理則有無合一
太極本只是天地萬物自然之理不外乎人倫日用

之間學者因見其立名之高欲以玄遠求之誤矣

太極圖包括天地貫徹古今

太極涵萬物萬物統體一太極也萬物物物各具一太極也

太極之理其大無外其小無內上下四方無一毫空缺之處而天地萬物自不能外此太極常包涵乎天下萬物如大海之水包涵夫水之百物所謂萬物統體一太極也就天地萬物觀之各有一太極如海中之百物各得海水之一所謂萬物各具一太極也○統體各具之太極非有二也

正義是太極之體立中仁是太極之用行太極者合中正仁義而言性之謂也

元亨誠之通是太極之用行利貞誠之復是太極之體立誠即太極天命即太極性即太極誠命性一理也○太極者理之别名非有二也

三才各一太極又總是一太極如天有元亨利貞地亦有元亨利貞人亦有仁義禮知即元亨利貞分而言之爲天地人之三極合而言之統一太極也人之一動一静而太極無不在焉太極者本然之妙也動静者所乘之機也陰陽動静亦如此

大哉乾元元即太極之動亨利貞皆太極之流行也

太極動而生陽靜而生陰即一氣之良能也

太極之理中庸言之詳矣

太極即是理就太極上愈生議論去道愈遠

太極圖說動極而靜靜極復動一動一靜互爲其根即感應之謂也

大德敦化萬物統體一太極也小德川流物物各具一太極也合仁義禮智言之是統體一太極分仁義禮智言之是各具一太極

晝動夜靜而太極不離乎動靜故曰太極本然之妙

也動靜所乘之機也天位乎上爲陽地位乎下爲陰而太極不離乎陰陽故曰陰陽形而下之器也太極形而上之道也

太極圖解下朱子語録論道器曰如這人身是器語言動作便是人之理竊謂此或記者之誤蓋人身與語言動作皆是器也人身語言動作之則乃理也若指人之語言動作爲理則是認氣爲道昧於形而上形而下之别矣故疑此言或記者之誤也

張子曰一故神神即太極也或者謂太極不會動静則神爲無用之物矣豈所以爲造化之樞紐品彙

之根柢歟

只一箇太極行乎陰陽五行男女萬物之間無所不在

朱子曰太極本然之妙動靜所乘之機也盖太極即

天命之元亨利貞也元亨誠之通乘春夏動之機

利貞誠之復乘秋冬静之機

在天為元亨利貞在人為仁義禮智太極不外乎此也

易有太極易即陰陽太極即道也

陽根陰陰根陽而太極之理無不在焉程子所謂易

變易也變易以從道也道者何太極之謂也

太極圖之理自朝至暮說不盡但少肯聽者耳

朱子曰聖人太極之全體一動一靜無適而非中正
仁義之極是則太極即中正仁義也四者之外別
無太極
聖人方靜之時正也義也寂也太極之體以立方動
之時中也仁也感也太極之用以行此聖人之一
動一靜陰陽已具皆動靜一理也
太極自能生兩儀四象八卦加倍生生而不已所謂
生生之謂易也
太極形而上之道也陰陽形而下之器也即是充塞
天地太極本然之妙也動靜所乘之機也即是貫

徵古今

太極即理也性也故朱子太極圖解節節指出性言之萬物各具一性物物各具一太極也萬物同出於一原萬物統體一太極也

即太極而言已具兩儀四象八卦以至六十四卦三百八十四爻之象故曰體用一源也

即兩儀四象八卦六十四卦三百八十四爻而言太極之理無往不在故曰顯微無間

太極者至極之理也誠而已矣性而已矣

誠者聖人之本誠為太極太極之有動靜是天命之

流行也天命爲太極天下無性外之物而性無不在性爲太極一陰一陽之謂道道爲太極聖人定之以仁義中正而主靜立人極焉仁義中正即太極以主宰而言謂之帝帝即太極以妙用而言謂之神神即太極以理而言謂之天天即太極德無常師主善爲師善無常主協于克一一爲太極喜怒哀樂謂之中中爲太極心統性情心爲太極惟皇上帝降衷于下民衷爲太極繼之者善也善爲太極太極者至太至極至精至妙無以加尚萬理之總名也與上天之載無聲無臭至矣同

太極性也陰陽氣也論太極而不言陰陽則徒知太極爲至善之性而不知氣有昏明清濁之殊故曰論性不論氣不備論陰陽而不言太極則徒知陰陽之氣有昏明清濁之異而不知太極爲至善之性故曰論氣不論性不明雖然太極即在陰陽之中陰陽不在太極之外理氣渾然而無間若截理氣爲二則非矣

周子太極圖説一字一句之義皆貼在圖上朱子太極圖説解一字一句之義亦皆貼在圖上須細心體認三四十年庶可知其妙非用力於時日淺近

者之可窺

陰陽五行男女萬物太極都在裏許

周子言男女而萬物在其中言萬物而男女在其內互文也

維天之命於穆不已於太極圖見之

合萬理而名之曰太極性命是也

仁義中正皆自元亨利貞而來太極者其性命之謂與

萬物統體一太極理一也萬物各具一太極分殊也

舉天下萬物總而言之只是一理即理一也就天地萬物分而言之各有一理即分殊也理一貫乎

分殊之中分殊不在理一之外

動之前爲靜靜中有太極靜之極爲動動中有太極

程子所謂動靜無端陰陽無始也

陰陽太極渾然無間

神無方而易無體就太極圖亦可見太極或在陰中又在陽中或在陽中又在陰中此神無方也或在陰又爲陽或在陽又爲陰此易無體也究而言之陰陽之易無體太極之神無方氣與理盖未嘗離也

太極乃未分之五性五性乃已分之太極天下之萬善皆自此出

天有元亨利貞地順承天施亦有元亨利貞人禀受天賦亦有仁義禮知是天地人同一性命之理三才各一太極又同一太極也太極者何即性命之統名與○生天生地神鬼神帝太極也在天為元亨利貞在人為仁義禮知大極不外乎此也風霆雨露之氣所以成物者皆太極之所為也周子太極圖說朱子圖說解其一字一句之義固皆貼在圖上苟翫索之久而超然自有得焉則又默識其理於象言之表矣

理既無聲無臭陰陽亦變化不常是豈得而圖之周

子作太極圖不過假象以顯義耳學者要當默識其理於圖像之表苟只於圖中溺意以求之又焉有超然自得之妙哉

周子挺生南服建圖立說以明造化之源性命之微傳之二程以當時無受之者遂不以語人至朱子既即其圖以剖析其旨又即其說以盡發其奥由是周子建圖立說之意太明學者誠欲求其意當即朱子之解以求周子之說熟讀精思潛玩默體期以數十年之功俟其融會貫通超然有得於圖象之表庶幾造化之源性命之微天人之理畢貫於

一而其實不外乎吾心矣

今之學者有開口即論太極者不知果識否不然吾恐徒得其名而不得其所以名也

程子親受太極圖於周子而終身不以語人其慮遠矣後學有未涉四書門庭者開口即論太極馳心玄妙而不知反求諸已其弊有不可勝言者

識大極則識聖人矣

○通書

通書與太極圖表裏

周子通書字字皆實○通書一誠字括盡

周子誠上章誠即太極也大哉乾元萬物資始誠之
源也即陽動也乾道變化各正性命誠斯立焉即
陰靜也純粹至善者即太極之理有善而無惡也
故曰一陰一陽之謂道陰陽即動靜也道即太極
也繼之者善即誠之源也誠之者性即誠斯立焉
元亨誠之通即太極動而陽也利貞誠之復即太
極靜而陰也大哉易也其性命之源乎易即陰陽

互根動靜循環而性命之源即陰陽動靜之理太
極是也圖與書相表裏如此
誠者聖人之本專指陰陽中太極而言大哉乾元萬
物資始誠之源也指太極動而生陽也乾道變化
各正性命誠斯立焉指太極靜而生陰也純粹至
善又專指太極而言故曰一陰一陽之謂道陰陽
即陽動陰靜道指太極也繼之者善又指陽之動
誠之源也成之者性又指陰之靜誠斯立焉元亨
誠之通乃太極之動也利貞誠之復乃太極之靜
也大哉易也性命之源乎易即陰陽動靜也性命

即陰陽中太極之理也陰陽動静而太極雖不離乎陰陽亦不離乎陰陽故曰大哉易也其性命之源乎通書與太極圖相合者如此

誠上章以造化言誠下章以人道言

周子通書誠上誠下誠幾德聖慎動道六章只是一箇性字分作許多名目

周子通書誠幾德章幾字兼善幾惡幾而言聖章誠神幾此幾字專以善幾而言

通書聖第四朱子語録曰須知此大哉乾元萬物資始以上更有寂然不動竊意大哉乾元萬物資始

是太極動而生陽乃太極之用流行者也動前即陰
靜而陰靜之中乃太極之體立豈非寂然不動者乎
通書一書不外乎太極陰陽五行男女萬物萬事之
理與太極圖一一相合無間惟細翫之可黙悟其妙
周子誠上章誠善道性元亨利貞命皆太極也
朱子曰周子通書近世道學之源其言簡質如此則
務為閎衍華藻者去道遠矣

○讀通書筆錄

○誠上第一誠者聖人之本即圖之太極陰陽五行之謂
誠下誠即圖之太極五常即圖之五行之性靜無

動有即圖之太極在陰陽也

○誠幾德第三誠即圖之太極幾即圖之陰陽動靜之仁義禮知信之德即圖之五行之性也

○聖第四寂然不動之誠即圖之太極在靜中感而遂通之神即圖之太極在動中幾即圖之陰陽動靜之間也

○慎動第五曰道曰德即圖之五行之性也

○道第六聖人之道仁義中正即圖之中正仁義也

○師第七性者剛柔善惡即太極陰陽五行之內氣質之性也中則本然之性也

○幸第八有耻即圖之義也

○思第九無思思通幾動即誠神幾即圖之太極在陰陽中與陰陽動静之間也

○志學第十伊尹顔子所志所學即圖之太極也

○順化第十一陽生之仁陰成之義即圖之陰陽仁義也

○治第十二仁義禮知動静言貌視聽即圖之五性陰陽五行之事也

○禮樂第十三禮樂即之陰陽也

○務實第十四實勝善也善即圖之太極也

○愛敬第十五其曰善即圖之太極純粹至善之理也

○動靜第十六動靜即圖之陰陽神即圖之太極也

○樂上中下第十七十八十九其曰樂即圖之動靜也

○聖學第二十其曰一即圖之太極其曰靜虛動直即圖之陰陽其曰名通公溥即圖之五行也

○公明第二十一其曰公曰明即圖之太極誠而明也

○性理命第二十二曰彰曰微即圖之陽明陰晦靈即圖之太極剛柔善惡五二一本即圖之陰陽五行太極也

○顏子第二十三顏子之樂即全乎圖之太極也

○師友下第二十四二十五其曰道曰德曰義皆圖

之太極也

○過第二十六過者適乎圖之太極也

○勢第二十七勢之輕重即圖之陰陽迭運相勝者也

○文辭第二十八載道之文道即圖之太極因辭以明理者也

○聖蘊第二十九予欲無言天何言哉四時行焉百物生焉即圖之太極無聲無臭而為造化之樞紐品彙之根柢也聖人之蘊即圖之太極也

○精蘊第三十精即圖之太極至精之理蘊即圖之太極至廣之業也

○乾損益動三十一乾乾不息之誠即圖之太極於穆不已之實理也損益動所以求至此實理也

○家人睽無妄第三十二曰本端曰誠心曰善皆圖之太極也睽天地睽而其事同同即圖之太極也復則無妄即太極也

○陋第三十四曰道曰德皆圖之太極也文辭之陋不本於太極者也

○擬議第三十五至誠動變化即圖之太極陰陽也

○刑第三十六春即圖之陽秋即圖之陰也

○公第三十七天地至公即圖之太極也

○孔子上第三十八其曰王道即圖之太極其曰王法即圖之太極見於脩道之教也

○孔子下第三十九道德高厚教化無窮實與天地參而四時同孔子即圖之太極五行也

○蒙艮第四十時中即圖之中艮止即圖之主靜也

○竊嘗觀之太極圖不過一理陰陽五行化生萬物通書亦不過明一理陰陽五行五性散為萬事故通書一字一義皆與圖意相合愚雖融會旁通不能相舉其說而大畧則庶幾其萬一姑筆錄于卷以俟後之君子

卷七終

薛文清公讀書全録類編卷之八

○西銘

西銘曰乾稱父坤稱母予茲藐焉乃混然中處天地之塞吾其體天地之帥吾其性天地萬物分明爲一體

西銘曰予茲藐焉乃混然中處混然則内外一致物我無間也

天地之塞吾其體得天地之氣以成形也天地之帥吾其性得天地之理以成性也踐形則能全天賦我之體盡性則能全天賦我之理知化窮神者樂

天而能踐形盡性也無愧無忝者畏天而求踐形
盡性也
西銘混字塞字帥字皆一意但有理氣之別
萬物皆自天地之塞之帥來所謂一理也至散而為
萬物則分殊矣
人與天地之理氣混然無間故天地為人之父母而
人當心父母之心行父母之事也
天地為人之父母故人知天地變化之道則所行者
能述父母之事矣通天地神明之德則所存者能
繼父母之志矣

知化則善述其事化者天地之化過而無迹如陰陽之變化是也知陰陽之變化則凡率性而行見諸事為之間者無非天地之事猶孝子之善述其事也窮神則善繼其志神者天地之神妙而不測如天命之神明是也有以窮之則吾性之全體無非天地之志亦猶孝子之善繼其志也化以氣言故曰知化則善述其事志以理言故曰窮神則善繼其志謂之知猶知化育之知默與之契非但聞見之知也謂之窮則洞天地之心猶易所謂通神明之德心與之相合無一毫之間也如天地陰陽五

行變化之道體之吾身而有動靜五常之道則所行者無非天地之事矣通天地元亨利貞神明之德體之吾心而有健順五常之性則所存者無非天地之心矣然神者天地之本化者天地之用必窮神而後知化也知天地之變化而行事循乎天理即知化而善述其事也知天道之本原而存心循乎天理即窮神而善繼其志也

讀西銘著不得一毫私意○讀西銘理明而心廣

讀西銘有天下為一家中國為一人之氣象

讀西銘知天地萬物為一體

西銘立心可以語王道
讀西銘則知小智自私誠可耻矣
西銘大旨即孟子存心養性所以事天之意
讀西銘不敢慢一人輕一物○讀西銘見天之大
西銘大旨欲人克己為仁
西銘自乾父坤母至凡弟顛連而無告者一節皆狀仁之體自於時保之至沒吾寧也皆求仁之方
頑不仁也有以訂之則仁矣西銘一篇皆免人為仁之意○西銘只是欲人存天理
天地之塞天地之帥人物得之以為形性者也

天地之塞吾其體天地之帥吾其性此可見人與天地萬物為一體

程子曰西銘乃原道之宗祖盖原道但言率性之道西銘言道所從出即天命之性也

讀西銘筆錄

朱子觧西銘天地之帥吾其性曰乾健坤順此天地之志為氣之帥而人物之所得以為性者也盖乾坤之徤順即元亨利貞之德賦於人物為仁義禮智之性也人物皆同此性民曰同胞以能推明乎此性也物吾與也以不能推明乎此性也大君

宗子大臣家相高年長長孤孤幼幼聖人賢者以至凡弟無告凡天下之人皆天地之子而同此性也惟聖人能全其性與天地合德也賢者能不失其性而秀出於等夷也於時保之保此性也樂且不憂樂天即樂此性也違曰悖德害仁曰賊濟惡者不才皆逆此性戕此性稔惡而淪溺此性者也踐形惟肖者能充形色之性而克肖乎乾坤父母者也知化善述其事者知陰陽變化之道而所行者皆天地之事即此性見於日用事為之間者窮神善繼其志者通天地元亨利貞神明之德而所

存者皆天地之心即此性蘊於寂然不動者也不愧屋漏為無忝存此性於幽隱之中無忝於乾坤父母也存心養性為匪懈存其心養其性不怠於事天者也遏人欲而惡旨酒又所以顧天之養而存此性也育英才而求錫類乃所以廣萬物之一原而推此性也不弛勞而盡底豫之恭非存此性以事天乎無所逃而待烹非盡此性以順天乎體其受而全歸者全歸乎此性而已順乎天而惟命是從者不咈乎此性而已或富貴而厚吾生吾惟盡其性而不敢驕或貧賤而玉吾成吾惟順其性

而不敢怨以至存則存吾性以事天沒則全吾性以樂天此性之一字皆自天地之帥吾其性之性來西銘始終之意因事親之誠以明事天之道惟在乎養其性而已先儒以理一分殊明此篇之大旨然理一所以為仁分殊所以為義舉仁義而言則性之全體在其中矣竊一性之一字貫之如此未知是否以俟正於後之君子

○性理諸書發明

定之以中正仁義而主靜蓋義與正為靜中與仁為動以中與仁為動是以中仁之用言也

聖人定之以中正仁義而主靜主靜即中庸立天下
之大本也
其曰體用一原者無聲無臭者體也而天地萬物之
理無不具故曰一原其曰顯微無間者天地萬物
顯也而無聲無臭之理無不具故曰無間蓋體與
微皆以理言用與顯皆以象言理中有象象中有
理初無毫髮之間也
如人之一身四肢百體顯也而莫不各有自然之則
所謂微也即顯而微不能外故曰無間
體用一源以至微之理言之如人心未發之時雖冲

漠無朕而萬事萬物之用已具故曰體用一源顯
微無間以至著之象言之如人之一身以至君臣
父子萬物萬事而理無不在故曰顯微無間
體用一源不可分體用為二顯微無間不可分道器
為二○體用一源顯微無間舉目而在
造化人事皆一靜為主造化非專一翕聚則不能直
遂發散人心非寂然不動則何以酬酢天下萬事
靜中之動亦自此起動中之靜亦自此起非有二也
感而遂通天下之故者元亨誠之通寂然不動者利
貞誠之復天人合一之理也

天地萬物皆自微以至著張子曰其來也幾微易簡其究也廣大堅固○天地萬物體皆麄而理則實即至著之象顯至微之理無物不然

全體呈露是元亨利貞妙用顯行是春夏秋冬

周子論幾字如復之初九善幾也姤之初六惡幾也善幾不可不充惡幾不可不絕朱子所謂近則公私邪正遠則廢興存亡只於此處看破便幹轉了此實治已治人之至要也

所謂知幾者於事未形著而識其微也非聖人其孰能之

凡禍患伏於無形之中惟聖人則知幾而防之於未然故能消其禍衆人不知幾而圖之於已著則已無及矣

幾之善是道心幾之惡是人心流而為人欲

周子說幾善惡始於毫釐之間充越天壤之異為堯舜皆原於幾之善為桀紂皆原於幾之惡

幾善惡幾之善者即德愛曰仁宜曰義理曰禮通曰知守曰信也

中庸只說已發未發周子又指已發未發之間說幾字乃發前聖所未發也

朱子曰道之顯者謂之文即所謂體用一源顯微無間也○渾然天理而與物無間道合一也

全體呈露是仁義禮知信之性妙用顯行是惻隱羞惡辭讓是非之情

全體呈露是大德之敦化妙用顯行是小德之川流

全體呈露是維天之命於穆不已妙用顯行是乾道變化各正性命

程子曰動静有無始終之理聚散而已蓋聚則為動為有為始散則為静為無為終

尹和靖謂動静一理伊川曰試喻之適聞鐘響尹曰

譬如未撞時聲固在也伊川書曰且更涵養竊謂鐘未撞時聲固在即心未感時理已存陰未動時陽已具皆動靜一理也

寂而感感而寂動靜循環人心之妙也

寂感以心言中和以性情言心統性情者也

以性情言之仁義禮知其體也惻隱羞惡辭讓是非用也周子以義知為靜是以體言以仁禮為動是以用言其說自元亨利貞來元亨誠之通非仁禮為動為用乎利貞誠之復非義知為靜為體乎

朱子曰天地之間只有動靜兩端循環不已更無餘

事此之謂易而其動其靜必有所以動靜之理焉
是則所謂太極也愚謂朱子之言即所謂一陰一
陽之謂道也○動靜者陰陽也所以動靜者道也
動靜兩端雖相因無窮竊謂動意常多之觀萬物者
草木山石之類皆靜植不動而生意常流行其間
雖秋冬翕斂閉藏之餘而生意未嘗毫髮間斷故
竊謂動多於靜也
統天地萬物言之一理也天地萬物各有一理分殊
也就天言之天一理也而天之風雲雷雨之屬各
有一理其分殊也就地言之地一理也而地之山

◎

川草木之類各有一理其分殊也就人一家言之一理也而人之父子夫婦長幼之類各有一理分殊也就人一身言之一理也而四肢百體各有一理分殊也就一國天下言之莫不皆然就一草一木言之一理也而枝餘花葉之不同分殊也理一行乎分殊之中分殊不在理一之外一本萬殊萬殊一本也

命有一理言者天命之謂性是也有以氣言者死生有命是也

寂而感虛而實此吾儒與釋子不同處

道不為堯存不為桀亡萬古常如此

張南軒無所為而為之之言其義甚大蓋無所為而為者皆天理有所為而為者皆人欲如日用間大事小事只道義合當如此做做了心下平平如無事一般便是無所為而為若有一毫求知求利之意雖做十分中理十分事業總是人欲之私與聖人之心絶不相似

無所為而為猶正其誼不謀其利明其道不計其功之意

無所為而為猶當理而無私心仁也有所為而為者

事雖當理未能無私心謂之仁可乎

如乍見孺子之入井惻隱之心發無所為而為也若惡其聲納交要譽之心生即有為而為矣

未應不是先已應不是後造化亦然

如此物未生時此理不是先此物已生時此理不是後一以貫之

程子曰冲漠無朕萬象森然已具未應不是先已應不是後蓋未應有已發之理具故不是先已應有未發之理在故不是後

推之於前不見其始引之於後不見其終此所謂動

靜無端陰陽無始也
人只見已然而不見未然已然者其形也未然者其
幾也
上下四方曰宇以充塞無窮而言往古來今曰宙以
流行不息而言
天地間只一動一靜而理為之主萬化皆由是出萬
物皆是生
義者天命之性也君子行義而盡其性則天命在是
矣○道以渾淪言之義以條理言之
程子曰知義之為用而不外焉可與語道矣蓋道即

仁而義即仁之用得其宜處非仁之外又有義也
故程子云然
程子曰在物爲理處物為義體用之謂也如在父子
有仁在君臣有義之類是在物之理也處之各得
其宜所謂義也
程子曰在物爲理處物為義陳北溪曰理是在物當
然之理義所以處此理
道是總體義是支節道如水之源義則流而為支派
者也分而言之則二合而言之則一所謂體用一
源也

道義二字道是統仁義禮知而言義是道之一事又
為仁義禮知行之合宜處

道之大原出於天聖賢發明其理言各不同而理則
一也○凡言天理者皆性命之謂也

朱子曰誠之有物不待形而有蓋雖冲漠無朕之中
而萬象森然已具矣

天理元亨利貞也民彝仁義禮知信也天理民彝一
而二二而一者也

知理之大則知萬物之小形而上者無窮也

天地間無別事只一理陰陽五行化生萬物而已

消息盈虛大而天地之闔闢小而日時之始終皆一理也

物有本末不可分本末為二物道有體用不可分體用為二致○大同之道即理也

沖漠無朕之理與昭然之萬象一時俱有非先有理而後有象也

行仁義謂之道行道而有得於心謂之德道德仁義名雖殊而理則一也

四德仁為大知為重非知之明守之固則仁亦不能有諸己矣

物我彼此渾然一理但所得之分各殊耳

程子所謂豁然有覺處覺者悟此理精粗本末渾然一致也

義即是天命君子行義所以立命也

萬物未生不加多萬物已生不加少易所謂富有日新其是之謂與

未有天地萬物而天地萬物之理已具於冲漠無朕之中未有兩儀四象八卦而兩儀四象八卦之理已具於太極之內乃所謂體用一源也

朱子曰道者天理之自然中而已矣是則中者其道

理之總名與
道有正有邪德有凶有吉此韓子所謂道與德為虛
位也
程子曰以形體謂之天以主宰謂之帝以功用謂之
鬼神以妙用謂之神以性情謂之乾皆就天上說
其名雖殊其理則一
天之神道而四時不忒元亨利貞是也聖人以神道
設教而天下服仁義禮智是也神明之德在天為
元亨利貞在人為仁義禮智
朱子曰天理只是仁義禮智之總名仁義禮智便是

天理之件数愚竊謂天道是元亨利貞之總名元亨利貞是天道之件数

一理也得之為天得之為地得之為萬物

仁義禮知道也道出於天之元亨利貞故曰道之大原出於天○始終條理性命體用是也

天地人物之理渾合而無間但其中自有條理所謂理一而分殊也

動以天天即仁義禮智之天理也

天地上下同流是乾道變化萬物各得其所是各正性命

至誠無息之體與萬物各得其所之用渾然無間

仁義禮智之謂性率性而行之謂道行道而有得於心之謂德全是德而真實無妄之謂誠

誠命性理太極道名雖殊實一理也

行道而有得於心之謂德不但動時如此雖靜而有得於心即所謂德默而存之有得於心非所謂德乎○天之外無人物人物之外無天

天地人物渾合無間一本故也

道者率性而已皆出於天天之元亨利貞故曰道之大原出於天

微而草木大而陰陽造化盛衰之理一也

天體無外心體無外道體無外

此理真實無妄如天地日月風雲雨露草木昆蟲陰陽五行萬物萬事皆有常形定則亘古今而不易若非實理為之主則歲改而月不同矣

誠無爲是仁義禮知信之全體未發者仁義禮知信誠分爲五性也是則誠即五性之實非五性之外別有誠也

道則萬古不易氣化則日新

萬物皆有始終惟道無始終

冲漠無朕之中萬象森然已具竊意萬象如人與鳥獸草木昆蟲之類莫不有一定之象具於冲漠無朕之中及陰陽流行之後其可見之象即冲漠無朕中之象也是則人物之偏正通塞雖曰禀氣賦形於有生之初各有不同然其已定之理固已具於冲漠無朕之中矣

人雖各是一體其實與天地萬物渾融相合無一毫之間○天地萬物精粗無間皆道也

天體物而不遺仁體事而無不在吾道以一貫之

迹履之所出也而迹豈履哉書道之所出也而書豈

道哉○天道天德天命天理一也
七竅鑿而混沌死七情熾而天理亡之譬也
誠爲萬理之樞故曰誠者聖人之本
程子曰無妄之謂誠朱子曰真實無妄之謂誠誠非
虛字皆指實理而言
誠即五常之實理非五常之外別有誠也如實有是
仁實有是義實有是禮實有是智是也
即理而物在其中即物而理無不在如未有此宮室
已有此宮室之理及有此宮室而理即在宮室之
中如未有天地萬物已有天地萬物之理及有天

地萬物而理即在天地萬物之中所謂體用一源
顯微無間也
元亨利貞仁義禮知之道流行古今充塞宇宙無物
不有無時不然聖人性之而無不盡賢者復之而
求其至凡民則日用而不知也
中庸言知天地之化育是聖人之心與天地為一論
語言知我者其天乎是天與聖人之心為一
仁義禮智信有則一齊有但各有所主耳如仁主於愛
愛莫大於愛親然知所當愛者知也愛得其宜者
義也愛有節文者禮也愛出誠實者信也以至事

君從兄之類無不皆然

事物當然之理如父子之仁之類是也所以當然之故乃仁義禮智所自來在天為元亨利貞是也

易言艮止書言安止欽止詩言敬止大學言知止止之為義最精乃天理當然之極也須臾失其止即人欲之私矣

止當內外動靜交致其力靜而心不止於天理非止也動而事不止於天理非止也天理者仁義禮知信而已

萬事所以不治者失其所當止也萬事各止其止則

天下治矣

止則心定理明○止則順理而無事

止則物各付物自無紛擾之患

止則靜一而精明不止則紛擾而雜暗

止則天地位萬物育矣

非禮勿視視必合禮視得其止也非禮勿聽聽必合禮聽得其止也非禮勿言言必合禮言得其止也非禮勿動動必合禮動得其止也視聽言動皆得其止則人欲盡而天理全矣

人心失其動靜之時者皆不得其止也

止在人無須臾之可離當識其時之所當者止之人之一身四肢百體皆有當止之則得其止則安失其止則危

人倫之當止者如君止於仁父止於慈臣止於敬子止於孝之類推之萬事萬物皆有當止之則必各得其所止則天理得矣

朱子所謂動靜各止其所而皆主夫靜即周子定之以中正仁義而主靜之意蓋中也仁也動也正也義也靜也仁義中正動靜周旋而常主夫靜則動靜各止其所矣

止非一定不移之謂乃隨時而止也如當動而動止在動上當靜而靜止在靜上當止而止止在止上當行而行止在行上當語而語止在語上當默而默止在默上以至萬事萬物各有當止之理惟止得其時乃止之義也苟當動不動非止也當靜不靜非止也與夫行止語默各失其當止之時皆非止也蓋止無定體惟隨時而各止其當然之理則止之為義得矣止在人無須臾之可離當識其時之所當止者止之止之為義廣大無所不包大而人倫綱常之道細而語默動靜之間止得其止則為

天理止失其止則為人欲矣

薛文清公讀書全錄類編卷之九

○諸書評

聖賢之書所以然者密也

伏羲則河圖以畫卦大禹法洛書以叙疇聖人之心與天地之心分明爲一

書以前雖已有文籍皆不傳今文籍可見者自書堯典始

易雖古於書然伏羲時但有卦畫而無文辭文辭實始於書故凡言德言聖言神言心言道言中言性言天言命言誠言善言一之類諸性理之名多見

於書書之後乃有易之辭及諸經書聖賢發明性
理之名雖有淺深不同實皆原於書也
古經易畫自伏羲始書自堯典始
河圖洛書萬數萬象萬理之源○書雖古而道常新
天以至理示人者河圖洛書是也
經書言性自書始言學亦自書始
尚書言中最多中者天命之性書多言無過不及之
中乃性之已發者至子思作中庸乃兼言未發已
發之中程子朱子論之詳矣
言敬莫詳於書但挈出其要以示學者則自宋儒始

通書一字一義皆與太極圖相合

易書一字一義皆自先天圖出通書一字一義皆自
太極圖出

河圖一六二七三八四九之數各相合洛書一六二
七三八四九之數各相近

堯典春夏秋冬之四仲即乾之元亨利貞也

八索九丘之書在唐虞之前然唐虞三代之書無引
其一言者以是知其書之不傳也久矣孔安國乃
謂孔子黜之恐不然

易書春秋以數千年簡編之傳寫豈無一言半句之

磨錯必欲字字釋其義難矣不若守朱子讀書之法通其可通者缺其不可通者

河圖洛書出而天地之数著而理亦寓於数中矣

河圖天一生水地二生火故太極圖水根於陽火根於陰

河圖洛書之奇偶不過一陰一陽耳朱子言之備矣

洛書一五行即河圖之一六二七三八四九五十之五行也

河圖洛書五行一陰陽也陰陽一太極也太極本無極也與周子太極圖相合如此

烝民之詩二五之嚋同一義也

書曰顧諟天之明命明命即天之元亨利貞賦於人

為明德仁義禮知也中庸所謂天命之謂性是也

易書春秋誠有不可強通者只當缺其疑

經傳究竟而不可言者所謂竅也

周禮後世用其制者猶不可易可見為聖人之書

先儒論孟子言齊魯之封皆方百里與王制同與周禮異然孔子曰安見方六七十里五六十里非邦也者則孟子所言為是後來齊魯之大皆兼併而然非始封之制矣

聖人作經皆寫其身心之實耳使非寫其身心之實則人作一書皆可謂之經矣

書求精一之旨詩求思無邪之旨禮求敬樂求和春秋求是非易求象占義理皆體於身心則有實用矣

窮理之言出於易以致知格物為窮理始於程子

太學出於書如克明俊德作新民之類是也

太學言明德論語言仁中庸言性孟子言仁義一理也

太學之至善論語之一貫孟子之性善中庸之誠周子太極言雖殊而其義一也

孔子因堯舜三代之遺典故得以刪述贊脩朱子因
濂洛諸儒之遺論故得以折衷去取

孔子因道不行於當時不得已而刪述六經垂法萬
世後之儒者乃有意於續經著書其立心固不同
矣○夫子之心萬世如見

五經之後大學論孟中庸程朱易傳義詩傳四書集
註周子太極圖說通書張子西銘

程子易傳有無窮之義理知者鮮矣

君子所貴乎知言如中庸大學皆聖賢之微言大訓
雜於禮記中經千百年儒者莫能識由不知言故

也至程子乃始表章之遂為萬世道學之正傳非
知言者其能然乎

聖賢之書其中必有體要如明德為大學之體要誠
為中庸之體要仁為論語之體要性善為孟子之
體要以至五經各有體要體要者何一理而足以
該萬殊也荀揚諸子之書詞亦奇矣論亦博矣其
中果有體要如聖賢之書乎不然則偏駁支離而
已矣

濂洛關閩諸儒之書皆根據至理而切於人生日用
之實

伏羲觀象以畫卦周子原理以作圖其義一也
太極圖說程子之後惟朱子知之宜程子不以語人也
太極圖說朱子觧知者鮮矣
周子言幾字亦自易知幾其神乎之語來
劉原公曰民受天地之中以生所謂命也是以有動
作禮義威儀之則以定命也周子定之以中正仁
義而主静之定字盖出於此
朱子曰命即理也書曰顧諟天之明命詩曰永言配
命孔子五十而知天命子思天命之謂性命皆以
理言也

朱子太極西銘解至矣盡矣

太極圖說不過中庸之理耳通書曰誠者聖人之本誠太極也即中庸喜怒哀樂未發之中也其曰大哉乾元萬物資始誠之源也即中庸天命之本然也其曰乾道變化各正性命誠斯立焉即中庸天命流行賦於人物之性也其曰誠者五常之本又即未發之中也其曰動而和曰道即和之達道也

讀朱子語録雜書斷不若讀其手筆之書

四書五經周程張朱之書道統正傳舍此而他學非學也

朱子至精至粹之言已見於四書集註章句及易本義詩傳中其文集語類之屬所載者或有非定論者讀者擇焉可也

孟子論仁義禮智即太極也

理無形也假象以顯義易卦太極圖皆然

太極通書皆相表裏

太極圖明一理陰陽五行化生萬物通書明一理陰陽五行散為萬事表裏相合者如此

太極之理中庸備之

六經四書之理不出太極

歐公本論由韓公明先生之道以道之之一語以立意也五經四書之外義理之精妙者無過太極圖切要者無過西銘太史公謂儒家者流博而寡要非寡要也雖有要而人自不知也要者何一之外無餘言也

朱子以易有太極即周子所謂無極而太極易所謂是生兩儀即周子所謂太極動而生陽動極而靜靜而生陰靜極復動一動一靜互為其根分陰分陽兩儀立焉易言兩儀生四象即周子所謂水火木金以是而觀則易所言太極之生萬象周子所言太極之生萬物同一理也

周子無極而太極指性命之全體而言張子西銘理一分殊指仁義而言西銘示人以求仁之體專言之仁也於太極圖中正仁義亦無不包矣

性理大全書以周子太極圖冠於篇端默識而旁通之則一書之理不外是矣非獨性理大全一書不外乎是以至五經四書與凡聖賢之言又豈有出此圖之外者哉嗚呼其旨深矣

太極圖言一理二氣五行化生萬物西銘言乾坤為萬物之父母則一理二氣五行化生萬物在其中

周子通書誠上誠下等章皆與中庸相表裏

太極即易書詩春秋禮記四書所言性天道之理非性天道之外別有太極也

朱子解剥太極圖括盡周子圖說至爲精密

西銘明理一而分殊太極圖自一理二氣五行成男成女而化生萬物亦無往而非理一分殊也

性理之書日益多亦理之自然也蓋理無窮盡故聖賢之書亦無窮盡雖先聖賢發揮此理極其詳盡及後聖賢有作亦必有繼往開來垂世立教之書焉是皆理之自然不能已也

近世易書詩春秋四書傳註之外世儒纂集諸家之

說附釋其後雖時有發明其實大繁徒汗漫而學
者終不能遍觀而盡讀反於正經本旨日至蔽隔
支離先儒燭籠之譬正如此
讀朱子語録不若讀易本義四書集註章句或問諸
手筆之書爲定論有餘力則叅考語録之類可也
朱子文集有未爲定說者如盡心知性一段與孟子
盡心知性集註不同當以集註爲定說
朱子論造化之精約莫過於太極圖解
支流多則迷本源雜說多則亂本旨今五經四書傳
註之外增録後儒之說日益多學者至白首不能

遍讀吾恐本源本旨迷而亂也

朱子語録雜論散見於諸書者甚多當時門人從傍記録豈無一二之誤況傳寫之久乎嘗竊謂讀朱子語録雜論不若讀朱子手筆之書爲無疑然語録雜論中有義理精確明白發手筆之未發者則不可不考者也

豈獨樂有雅鄭邪書亦有之小學四書六經濂洛關閩諸聖賢之書雅也嗜者少也夫何故以其味之澹也百家小說淫詞綺語怪誕不經之書鄭也莫不喜談而樂道之蓋不待教督而好之者矣夫何

故以其味之丼也澹則人心平而天理存丼則人心迷而人欲肆是其得失之歸亦何異於樂之感人也哉

余讀集釋洒掃應對條下載朱子語録曰洒掃應對有形而上者精義入神亦有形而上者竊疑此語或記者之誤蓋精義入神謂精究事物之理入於神妙是即形而上者也若謂精義入神以上又有形而上者則精義入神為何物邪

後儒纂集雜説語録附諸經書條下有語同而數處皆見者幾於曰若稽古三萬言矣

各經四書註脚之註脚太繁多竊謂不若專讀各經
四書正文傳註熟之又熟以待自得之可也小
註脚太繁多不惟有與经註矛盾處亦以起學者
望洋之歎
學者於正經傳註尚不能精熟即泛觀小註中諸儒
之説愈生支節而莫知其本若傳註精熟之餘有
餘力而參看之可也
五經四書小註不勝其繁讀者誠有文滅質博溺心
之患
小學一書不出乎父子君臣夫婦長幼朋友之五倫

五倫不出乎仁義禮知信之性是則性也者其小
學之樞紐也歟
朱子小學一書理與事而已内篇之立教明倫敬身
通論言其理也稽古之立教明倫敬身通論實之
以事也外篇嘉言之廣立教明倫敬身又以理言
也善行實立教明倫敬身又實之以事也然理精
也本也事粗也末也本末精粗一以貫之其小學
之書乎
仁義禮智信五字括盡小學一書亦括盡五經四書
小學只一性字貫之立教者所以教此也明倫者所

以明此也敬身者所以敬此也
小學以事教人理在其中精粗本末無二致也
踐履盡小學之事則天理爛熟雖大而化之之聖恐
亦不外是
近思録宜熟讀程子論未發之中處當參看朱子中
庸或問其餘問有不同者亦當參考
班彪王命論真西山文章正宗取之
程復心四書章圖破碎義理愈使學者生疑
程復心將太極圖中着一氣字又從而釋之曰太極
未有象數惟一氣耳乃漢儒涵三爲一老莊指太

極爲氣之説其失周子朱子之旨遠矣

程子曰理無形也故假象以顯義非特易爲然太極圖亦是已

中庸只説未發已發周子又指未發已發之間説幾字乃發前聖所未發也

子產鑄刑書叔向譏之此有深意

中説勝法言○法言澁而晦中説暢而淺

揚子法言意實淺而飾以短澁奇古之詞何邪

朱子楚詞集註成於晩年所感者深矣

余往年讀楚詞喜其華今讀楚詞喜其實蓋其懿戒

之言亦皆切己之事也

左氏論敬處多亦是先王之教有未泯者

左氏極有膚淺者只是理不明

左氏多有言過其實者昌黎所謂浮誇是也

左傳所論是非一一有吉凶成敗驗於後豈盡然乎

參同契全是先天圖卦氣方位流行朱子所謂大易圖象隱者隱於此類可見

參同契終是方技之書

金剛經只欲説形而上之道以形而下者爲幻迹此所以偏於空虛也聖人則道器合言所以皆實

陰符經曰萬化定基易曰同歸而殊塗一致而百慮其旨一也

○讀陰符經雜言 并序

伊川程子曰老子甚雜如陰符經却不雜然皆窺天道之未至者也間閱其書而録所得之語如左

○上篇

經曰天道天行五賊天性人心一也天道者元亨利貞天行者春夏秋冬五賊者仁義禮智信天性者即天道五行五賊之德具於人心者也人心萃理

氣之靈有作爲運動之妙觀天道執天行見五賊而施行於天囊括宇宙而造化在我皆由此心而已故曰人心機也機之一字又陰符經之至要至要者歟

天性人也人心機也立天之道以定人也總結上兩節而言

機發太過而變怪見機發得宜而萬化定理欲之謂也

性有巧拙以氣質之稟清濁而言清者巧而濁者拙巧者識其機而能伏藏拙者昧其機而不能伏藏能伏藏者九竅之邪不能動其中也不能伏藏者

九竅之邪皆得以汩其天也九竅之中有三要耳目口是也巧者於三要動靜皆不失其宜而能伏藏拙者誠能變拙爲巧而能致力於視聽言之間使皆一出於正則餘邪柔皆退聽而亦可以收伏藏之效矣火生於木禍發必尅姦生於國時動必潰機之過也知之脩煉謂之聖人機之宜也

○中篇

天生天殺道之理也陰陽生殺消息盈虧理之自然也

天地萬物之盜萬物人之盜人萬物之盜三盜既宜人物乃安盜得其宜則生也殺也皆順其理而萬

物安矣盜失其宜則生也殺也皆逆其理而萬物病矣食其時則百骸理人能利天地自然之利則一身得其養矣動其機則萬化安人能合天地自然之機則萬化得其宜矣

人知其神之神者貴於耳而好聞其異也不知其不神之所以神者習於目而不察其理也

程子所謂惡亦不可不謂之性者五盜之謂也

聖功生神明出知化窮神之事也

盜機在人而莫能見莫能知者蔽於氣禀之偏也君子善用之而逢昌小人不善用之而罹殃微矣深矣

○下篇

瞽者善聽聾者善視絶利一源致一也用師十倍其效也三返晝夜致一之精也用師萬倍其效也

心生於物物誘也心死於物物化也物化物誘其機皆在於目

乾始能以美利利天下而不言所利天之無恩而大恩生也迅雷烈風莫不蠢然無恩之謂也

至樂順理故其性廣大而有餘至淨無染故其性廉潔而無私生死恩害陰陽相根理之自然

陰符經雜言終

○名言

成王問史佚曰何德而民親其上史佚曰使之以時而敬順之忠而愛之布令信而不食言如臨深淵如履薄冰此名言也

内使過曰敬禮之輿也不敬則禮不行春秋之時議論如此猶有先聖之遺訓焉

單襄公曰君子不自稱也非以讓也惡蓋其人也夫人性凌上者不可蓋也求蓋其人抑下滋甚故聖人貴讓此乃名言

單襄公曰君子目以定體足以從之是以觀容而知

其心矣目以處事足以步目今晉侯視遠而足高目不存體而足不步目其心必異矣目體不相從何以能久此亦名言

枚乘曰欲人無聞莫若無言欲人無知莫若無爲又曰積德累行不知其善有時而用棄義背理不知其惡有時而亡此皆名言也

鄭游吉九言曰無始亂無怙富無恃寵無違同無傲禮無驕能無復怒無謀非德無犯非義切謂九言之中無犯非義無傲禮二言足以盡其餘

范武子曰喜怒以類者鮮易者實多此名言也

晉伯宗每朝其妻必戒之曰盜憎主人民惡其上子好直言必及於難伯宗不能用後果爲三郤所害伯宗之妻有先見之明如此

伍舉曰私欲弘侈則德義鮮少德義不行則近者騷離遠者距違距亦名言也

百里奚曰行道有福即自天祐之吉無不利即永言配命自求多福之意

左氏孟獻子曰禮身之幹也敬身之基也此言猶有先王之遺敎焉

仲長子光曰在險而運奇不若宅平而無爲

韓子曰未聞響大而聲微者也故君子務求響之大
而不可急於聲之大
楊子四重四輕之説吾有取焉

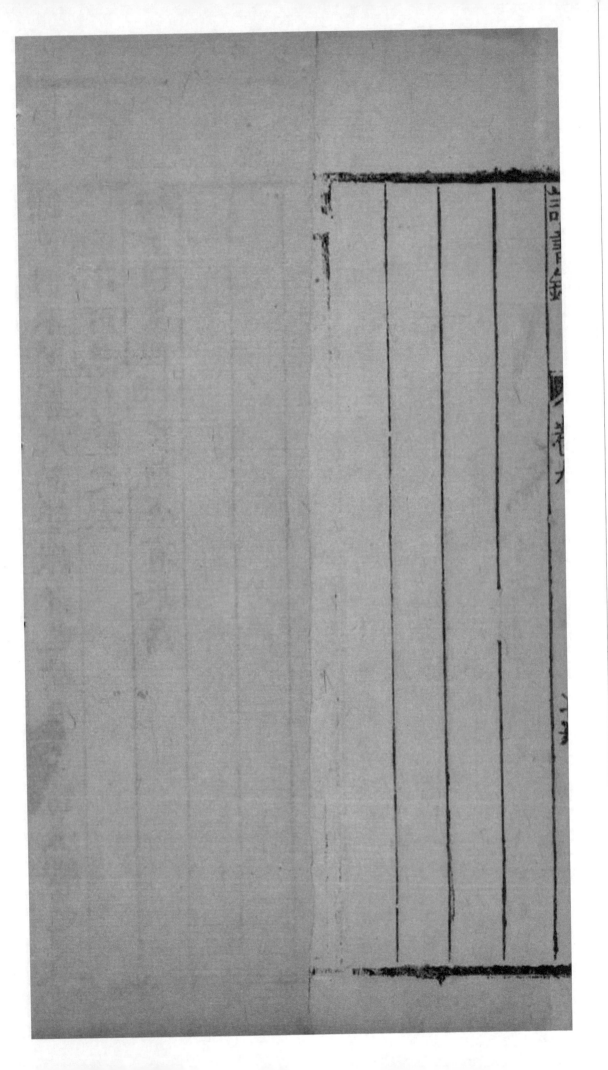

薛文清公讀書全録類編卷之十

○道統

道流行於天地間即元亨利貞仁義禮智是也未嘗有間斷但道之托於人者有絶有續耳

堯曰允執其中故言中自堯始聖賢相傳之道中而已矣

韓子言堯舜禹湯文武周公孔子孟子之傳又曰軻之死不得其傳焉又曰孟氏醇乎醇者也又曰惟孟軻師子思而子思之學出於曾子自孔子没獨孟軻氏之傳獨得其宗愚謂自秦漢以來諸儒未

有論道統相傳之詳且正如韓子者至程朱論道統之傳亦主其說若韓子所見誠所謂豪傑之士矣

春秋之時有孔子斯道大明戰國之時有孟子斯道有寄自秦漢以降世儒以知謀功利相高不知道爲何物故韓子曰軻之死不得其傳程子曰退之必有所見不知所傳者爲何事竊謂天命之性道也聖賢明此道行此道是以道得其傳不明不行則天命之性雖未嘗不具於人心然人既不明不行則道失其傳矣

聖賢萬世所傳之道只是天命之性自伏羲神農黄帝堯舜禹湯文武周孔顔曾思孟以至周程張朱雖垂世立教之言有不同而其理則豈有異哉

程子謂韓子言所傳者何事竊謂聖人之心天理渾全得其心斯得其傳矣

孟子統絶漢唐閒言道者皆妄也韓子亦止能言道之用耳

孟子之後道不明只是性之一字不明

聖賢相傳之道盡性而已

道學相傳非有物以相授也蓋性者萬物之一原而

天下古今公共之理即所謂道也但先覺能明是
道行是道得其人而有以覺之使之明是道行是
道則道得其傳無其人則道失其傳矣
孟子七篇乃洙泗之正傳經千餘載世儒例以子書
視之而無知之者獨唐之韓子謂孟氏醇乎醇者
也又曰軻之死不得其傳焉又曰求觀聖人之道
必自孟子始又曰孟氏之功不在禹下是則千載
之間知孟子者韓子一人而已宋之大儒有德業
聞望重於一世者猶擠孟子於法言之後尚何望
於他人邪惟河南程夫子倡明絶學始表章其書

發揮其旨而一時及門之士遂相與翕然服膺其說天下始曉然知其爲洙泗之正傳而不敢妄議至朱子又取程氏及群賢之說會萃折衷以釋其義與論語大學中庸列爲四書由是洙泗之正傳益以明備千古入道之門造道之閫無越於此矣

有志者尚篤所力哉

孔子之道得孟子而愈尊程子之道至朱子而始明堯舜之道非孔子無以明濂洛之道非朱子無以發周子程子張子之學非得朱子爲之發明後世紛紛莫知所定論矣

使堯舜禹湯文武周孔顏曾思孟周程張子之道昭然明於萬世而異端邪說莫能雜者朱子之功也

韓子謂孟子之功不在禹下余亦謂朱子之功不在孟子下

道至濂洛關閩而明今其書雖存吾不知道之要何在

程朱接孟氏之統有功於萬世

二程所以接孔孟之傳者只是進脩有序

游程朱之門者得其傳者有其人與

嘗觀周子二程子張子邵子皆與斯道之傳者也而

朱子作大學中庸序惟以二程子繼孟氏之統而不及三子何邪蓋三子各自爲書或詳於性命道德象數之微有非後學造次所能窺測二程則表章大學中庸語孟述孔門教人之法使皆由此而進自洒掃應對孝弟忠信之常以漸及乎精義入神之妙循循有序人得而依據此朱子以二程子上繼孔孟之統而不及三子與然朱子於太極圖通書則尊周子於西銘正蒙則述張子於易則主邵子又豈不以進脩之序當謹守二程之法博學之功又當兼攷三子之書邪及朱子又集小學之

書以爲大學之基本註釋四書以發聖賢之淵微是則繼二程之統者朱子也至許魯齋專以小學四書爲脩己教人之法不尚文辭務敦實行是則繼朱子之統者魯齋也

聖賢相傳之心法性而已

道體於穆而不已道統有絶有續

道非亡也幽厲不由也不由則道之在人者亡矣而道之在天者則未嘗亡也

○聖賢

二帝三王公天下之心萬世可見

史臣首敘堯舜禹之事有乾坤之道焉堯曰欽明舜曰重華禹曰祗承則堯舜爲乾禹爲坤可見帝降爲王殆以此與

堯之欽明俊德以至黎民於變時雍舜之慎徽五典以至烈風雷雨弗迷與孔子之立之斯立道之斯行綏之斯來動之斯和皆聖人作用神速功效

舜處父子兄弟之變湯武處君臣之變周公處兄弟之變聖人處人倫之變而不失其正者亦惟盡乎天理之當然而已

堯舜之心萬古如見

以武王之聖而不知夷齊之賢豈非命與

衛武公年九十五猶作懿戒以自警

衛武公蘧伯玉皆以高年而篤於進脩誠可爲後世法

聖賢成大事業者從戰戰兢兢之小心來

氣質之拘最大不然何自古聖賢之生不多見與

孔子以聖人君子善人有恒者不得而見聖賢之生豈偶然哉

千古聖賢之心仁而已○孔子安仁即天地之心也

夫子之道德匪言語所能盡

孔子弟子知孔子者不過顏曾二子其次惟子貢庶幾焉○非知道者不足以知聖人

自孟子後知孔子者鮮矣至周程張朱乃知之

古之學者爲己顏曾之徒是也

顏子簞瓢陋巷不改其樂使達而在上則有天下而不與矣

韓子言孟子醇乎醇以其言仁義而不雜也

惟聖人之言中正無過賢者之言或有過者

程子言孟子學已到聖處故其論堯舜性之湯武反之孔子聖之時之類皆深知聖人所以爲聖人使

非學到聖處安能知聖人哉

聖人只以仁義禮智之心應天下之事

孟子言性善於道之大本大原見之至明矣故其一言一理皆自此出荀楊諸子不明道之本原雖多言愈支矣

孔子得堯舜三代之事實文章乃可以致刪述朱子得濂洛關中師弟子之議論著述乃可以成傳註故孔子集群聖之大成朱子集群賢之大成其揆一也

聖賢千言萬語只是明此理

堯舜禹湯文武之道非得孔子後世莫知所尊周程張子之道非得朱子後世莫知所統孔子之後有大功於道學者朱子也古聖人之道四書之理湮晦千五百年至程朱始明

聖賢道尊德貴舉天下之物豈能尚乎

朱子曰太極中本無一物天地生物不言所利故聖人之於功業雖有若無分定故也

聖人所以不矜者只爲道理是天下古今人物公共之理非己有之私故不矜

夏商周之子孫久而無聞孔子之子孫愈久愈盛何

其德之長也

聖賢之子孫賢不肖皆天也天本無心人之生也偶值其氣之清明純粹者爲賢知得其氣之昏濁駁雜者爲頑愚若聖賢之子孫有賢不肖之異者則以所值之氣不同耳後人因見聖賢之子孫或有不肖者乃謂聖賢已奪其秀氣可謂謬悠之論矣

天地不以萬物已生而不生聖賢不以往哲已言而不言○理無窮故聖人立言亦無窮

聖賢著書立言句句明理非欲言詞之富麗也

聖人之言雖零碎說而合輳起來則皆貫於一諸子

之書非無嘉言但欲一一合輳爲一則有不通者矣○聖人之心應物即休元不少動

聖人應物雖以此理應之其實理只在彼物上彼此元不移也

觀衆水之流當知其一源觀萬物之生當知其一本觀群聖之言當知其一理

聖人方靜之時百體收斂一心湛然而萬理咸具及其動也隨感而應動容周旋中禮耳目有聰明之理手足有恭重之理以至人倫之間各有仁義禮智信之理夫豈待言而後著哉

衆人非不視也而聖人則異乎衆人之視衆人非不
聽也而聖人則異乎衆人之聽蓋衆人之視聽徒
得其形聲而聖人之視聽則獨得其所以爲形聲
此聖人聰明睿智卓冠群倫也與

聖賢知覺運動雖不能不以氣而理則爲主衆人知
覺運動但氣之所爲漫不知理爲何物

聖賢循天理而天理即仁義禮智之性也小人徇人
欲而人欲即耳目口鼻百體嗜好之私也

性情得其正者聖人也

聖人雖有心然動以天順理而已復何爲哉故程子

曰聖人有心而無爲

天地有動靜之復無善惡之復人有善惡之復有動靜之復聖人無復者以善惡而言也聖人之心渾然至善未嘗間斷故不見其復若動靜之復則亦有之

自有之私皆足爲心累如自有其善便爲善所累自有其能便爲能所累自有其貴便爲貴所累自有其富便爲富所累凡自有者皆足以爲心累惟聖人之心廣大光明無一毫之私累眞與大虛同體也

人皆有此理聖人與塗人同聖人有耳目鼻口之理塗人亦有耳目鼻口之理聖人有心肝脾肺腎之理塗人亦有心肝脾肺腎之理聖人有君臣父子夫婦長幼朋友之理塗人亦有君臣父子夫婦長幼朋友之理但聖人禀得氣質清粹故能全盡此理衆人禀得氣質昏駁有不能全盡耳

盡性者聖人復性者賢人至於聖人聖人相傳之道
不過於此

聖人之心寂然不動隨感而應所謂神也

聖人之心天地之理只是直

聖人聞人毀已譽已元不少動如浮雲一過而太虛湛然

聖人一片實心種種道理皆從此出

天地之化一過而不留聖人之心一應而無迹

用之則行最難自聖人以下雖大賢用之未免有過不及處

聖人全體太極渾身是天理也

聖人大公至正之道開眼即見萬世無弊

聖賢立心扶持千萬世之綱常

鳥雀巢茂林蛟龍潛深淵聖人洗心退藏於密

聖人所以爲聖人無一毫之不實處程子論邵子爲人直是無禮不恭恐與聖人之學異

中庸惟聖人能之雖大賢亦未免有過不及者千萬人一人宜其識非常人所及

聖賢工夫步步着實如老莊之學儘說得只是不着實

聖人大公無我眞天地之氣象後人區區小智自私晝夜圖爲無非一身佚欲之計宜其氣象之卑陋也

聖人之忠厚不可勝言如以微罪去魯不顯其君之

過貞天地之量也此可以觀聖人之氣象也孟子去齊終不言齊王之失其亦學孔者與

聖人言人過處皆優柔不迫含蓄不露此可以觀聖人之氣象

觀奇偶則知邪正有迭勝之理扶陽抑陰距邪閑正非聖賢吾誰望耶

聖人之進退存亡與造化消息盈虛之理爲一異乎漢末諸賢矣

○諸儒

存諸心者不雜見於行者不雜措諸事業者不雜形

諸文詞者不雜所謂眞儒矣數者有一雜焉其得爲眞儒乎

孟子之後知王霸之分者董子

董子曰尊孔氏者黜百家若尊孔氏又信百家必不能眞尊孔氏矣

漢四百年識正學者董子唐三百年識正學者韓子

韓子氣質明敏剛正樂易寬厚皆過於人但生於學絶道散之時無所講明切磋以底大就使生宋時得與道學諸君子游則其所立當不止是矣

司馬遷論儒博而寡要第彼自不識其要耳要者何

天命之性是也

漢馬融絳帳女樂爲權奸作奏害忠良得罪名教大矣猶配饗孔子廟廡謂宜黜罷之可也

朱子稱陶淵明有高志遠識

唐之韓子乃孟子以後絶無僅有之大儒原道原性篇雖博愛三品之語有未瑩者然大體明白純正程子所深許朱子又爲考正其書誠非淺末者可得而窺也後學因見朱子兼論其得失而不知此乃責備賢者之意遂妄論前賢若不屑爲者其可謂不知量也甚矣

周張程朱子之前知孟子者韓子一人而已
當韓子之時異端顯行百家並倡孰知堯舜禹湯文
武周公孔子孟軻爲相傳之正統又孰知孟軻氏
沒而不得其傳又孰知仁義道德合而言之又孰
知人性有五而情有七又孰知尊孟氏之功不在
禹下又孰敢排斥釋氏濵於死而不顧若此之類
大綱大節皆韓子得之遺經發之身心見諸事業
而伊洛眞儒之所稱許而推重者也後學因見先
儒有責備之言遂勦拾其說妄議韓子若不足學
者設使此輩生韓子之時無先覺以啓其迷無定

論以一其志吾見淪於流俗惑於異端之不暇又安敢窺韓子之門墻哉故論韓子之得失在周程張朱数君子則可苟未及数君子皆當自責自求殆未可輕加詆議以取僭妄之罪也

韓子原道篇中欲治其心而外天下國家之語深中異端之病老釋二家皆務潔其身清其心棄絶倫理而不恤正韓子所謂欲治其心而外天下國家者也

想韓文公敬太顛只是被他説着已病故爲其所動韓公不能忘情富貴而太顛以物外清虛曠蕩之

說格之此公之所以爲其動也

韓子謂世無孔子不當在弟子之列其自任如此

三代而下文武長才有武侯數學之精有康節道學之純有程朱

漢儒讖緯九流之雜唐士釋老辭章之支至宋儒出而道術定於一今學校之教經術之習絕口於漢唐異端駁雜之學者宋儒之功也

昔周子惟程珦知之宜其生二程爲道學之宗也

理氣豈可圖而周子圖之非超然有得於圖之表者不能知程子終身不以示人者其意微矣

太極圖說在當時惟朱子盡得其妙其次張南軒而已

周子之學得於易者多發明大學語孟中庸者少然其理則同也

周子曰不善之動妄也妄復則無妄矣無妄則誠矣

程子曰無妄之謂誠周程相傳之學可見

朱子作濂溪贊其曰風月無邊以言乎遠則不禦也其曰庭草交翠以言乎近則靜而正也其曰書不盡言圖不盡意此理之微妙誠有非圖書所能盡者

朱子始謂周子不繇師傳默契道妙及覆定周子書狀則引張忠定言公事有陰陽之說疑其所傳之有端緒與初說不同

周子之學當時無知者太極圖說通書傳之程子程子以其理微不以語學者至朱子始發明之然能因朱子之言以求周子之學者亦未易得也

濂溪先生在當時知之者少故從遊者不多惟程珦知之使二子從學遂大明斯道之傳是則周子從遊者雖少反勝於從遊者之多也

周子太極圖說程子之後惟朱子知之

自孔子後知易者周子程子邵子朱子也

明道先生著述極少先儒謂其作用近聖者言其氣象也後人著述雖多而氣象有不近似者知者必識之

聖人之道蔽昧不明者千五六百年至周程張朱而始明

二程因遺經而得不傳之遺緒今之傳註可謂發揮詳且明矣而學者莫肯盡心其間何邪

宋道學諸君子有功於天下萬世不可勝言如性之一字自孟子以後荀楊以來或以爲惡或以爲善

惡混議論紛然不決天下學者莫知所從至於程子性即理也之言出然後知性本善而無惡張子氣質之論明然後知性有不善者乃氣質之性非本然之性也由是性之一字大明於世而無復異議者其功大矣自孟子之後漢唐以及五代之間異端與吾道爭爲長雄至於讀聖人之書游聖人之門以儒自鳴者猶匍匐而歸之況其餘乎獨唐之韓子不顧侮咲力救其失而一齊衆楚猶莫之能勝也至宋道學諸君子出直擣異端之巢穴而辯其毫釐似是之非由是邪正之分昭然若覩黑

白雖未得悉絕其道無使並行然吾道既明如精
金而不得淆以鉛錫明珠而不得混以魚目彼雖
援引比附亦無自而入也是以庠序育才科舉取
士講學命詞粹然一出於堯舜禹湯文武周公孔
子顔曾思孟之正絕口於異端之教是皆道學諸
君子距邪閑正之功也嗚呼盛哉
聖賢之忠厚不可當如明道之去分明不容於時猶
謂已學未至當時誠意不能動人其忠厚如此
性理之學經周程張朱諸君子發揮如此明白當時
親炙者尚失其意而韓子生於道術壞爛之餘無

所從遊質正乃能卓然有見排斥異端扶翼正道
遂有立於天下後世真可謂豪傑之才矣
立言不在乎艱深奇古貴乎明理而已如程朱之言
平易簡質而理自明矣
孟子曰苟求其故千歲之日至可坐而致也康節之
學推性知來蓋亦如此○康節見盛衰之際甚明
邵子論天地始終之數乃前聖所未言者
邵康節見造化人事熟所以終不出
發明大易象數之原始於邵子繼之者朱子也
程子稱邵子觀天地之運化陰陽之消長以達乎萬

物之變其意深矣
易非邵子羲畫不明非程子周經不明非朱子本義不明三君子大有功於易者也
先儒謂邵子以一萬八百年爲一會初閒一萬八百年而天始開竊疑天未開時只是氣塞既未有日月星辰曆數四時不知何如計其年數
張子亙原之說呂氏砥者不亡之言謝氏歸根之論程子朱子辨之明矣
周程張朱有大功於天下萬世不可勝言於千餘年俗學異端淆亂駁雜中剔撥出四書來表章發明

遂使聖學晦而復明大道絶而復續粲然各爲全書流布四海而俗學異端之説自不得以干正其功大矣

孔子之後知作易之本原者程明道邵康節發明二子之學者朱子也

自有大學書以來發明致知格物爲窮理之事者程子而已繼程子而發明其言者朱子一人而已

程明道不用文字盖誠意既不能動人文字何補

二程之名言朱子采入四書集註或問中者多矣求二夫子之心者當於此觀之

程子取柳宗元封建論其必有說矣

朱子盡得程子之學故曰亦幸私淑而與有聞焉

道學明而異論息程朱之功也

漢唐以來正教與異學並行而學者莫知所宗自宋諸君子表章四書五經而發揮之如日月經天而爝火自息有志之士宜熟讀精思而力行之庶不負先正之教云

程子言所接不雜者三人蓋所學純乎仁義禮知之道則不雜或出入乎異端術數世俗之學則雜矣

此理經宋儒大加發揮之後粲爛明白真所謂江漢

以濯之秋陽以暴之皜皜乎不可尚已

諸儒解經多入外意惟朱子只主本意而無泛論

朱子贊明道曰龍德正中甚當

程朱之道萬世之後必有追崇盛於前時者

程朱從祀不宜在漢唐諸儒之下

程朱之書得其門者鮮矣

舉天下之物不足以動其中道學君子也

濂洛關閩數君子雖所學成就不同要皆有大功於聖門者也○至宋儒而道術一

表章大學語孟中庸始於程子成於朱子

朱子謂程子說荀楊等語是就分金秤上說下來蓋所謂知言知人也

柳子守原議有關於世道

伊川經筵疏皆格心之論三代以下爲人臣者但論政事人才而已未有直從本原如程子之論也

朱子章疏有本有末有綱有目當時不能行其一二信乎用言之難也

伊川爲講官以三代之上望其君從與否則在彼而已其肯自貶其道以徇之哉

伊川晦菴爲講官時姑取以備故事資口耳而已二

子即以真知力行望其君宜其不合也

名臣言行録載伊川爲講官時文士歸其門者甚衆而伊川亦以天下自任論議褒貶無所顧避竊謂此八字或記言者之過伊川知易豈容信口議論褒貶而無顧忌乎

以世儒之論折衷於程朱之言其是非一見而判然矣○程朱在當時知者甚少千載而下得易之本義者朱子一人而已

朱子大本原皆得程子之學

朱子門人陳北溪論理切實

聖賢真是人不能識如程明道去聖人為不遠陳襄
薦明道謂其可為風憲之職是豈足以知明道哉
朱子超然遠引當時小人方欲以利祿輕重之是何
異鴟鴞得腐鼠而嚇鵷鸞也
論老莊之失程朱之言曲盡矣
宋儒亦有流於禪者不可不察
象山謂人讀書為義外工夫必欲人靜坐先得此心
若如其說未有不流於禪者
游程子之門流於老禪者由致知格物之功未至也
程子之門人論未發之中無致知格物皆失程子本

意至朱子發明至矣○周程之學非朱子無以發
程朱立朝時人多欲葦行之正如安童之論許魯齋
中立自謂從明道年久未甞見其有暴厲之容宜觀
明道之氣象
朱子論專言偏言之仁皆本於程子四德之元猶五
常之仁偏言則一事專言則包四者之語其論性
命皆本於程子天所賦爲命物所受爲性之語其
論本然之性皆本於程子性即理也之語其論氣
質之性皆本於程張論氣質之性如論致知物格
之類皆本於程子

朱子之後大儒真西山大學衍義有補於治道

朱子言自程子之後論格物致知者皆失程子之意

詳見大學或問

明道得志使萬物各得其所學者亦不可無此志

楊龜山曰人性上不可添一物以是見龜山之識極高

諸子百家皆有可取之言但欲句句求實用則有不通者矣故曰致遠恐泥

聖賢之言統體純粹而不雜諸子之言雜駁中亦有純粹者取節焉可也

宋景濂諸子辯列周程於其後非尊道學者也失倫次甚矣周程大賢豈諸子之敢望乎或者謂立言當求先儒所未言者夫以孔子之大聖猶述而不作况後學不述古聖賢之言而欲創立已說乎

朱子論陸象山之學具有定論臨川吳氏猶左右之何也

世祖雖不能盡行魯齋之道然待之之心極誠接之之禮極厚自三代以下道學君子未有際遇之若此也

魯齋學徒在當時爲名臣則有之得其傳者則未之

聞也

程朱之外諸儒性理雜論尤當大著眼力以辨其真是真非不可遽以爲先儒成說而悉從其言魯齋謂其有彌近理而大亂真者蓋謂是也

魯齋厭宋末文弊有從先進之意

尊程朱之學者許文正也

朱子之後諸儒有失朱子之本義者至魯齋許氏尊朱子之學至矣

自朱子没而道之所寄不越乎言語文辭之間能因文辭而得朱子之心學者許魯齋一人而已

魯齋不對伐宋之謀伐國不問仁人之意也

魯齋出處合乎聖人之道

魯齋以王道望其君不合則去未嘗少貶以狥世真聖人之學也

許魯齋自謂學孔子觀其去就從容而無所係累真仕止久速之氣象也

魯齋召之未嘗不往往則未嘗不辭善學孔子者也

真知力行元有許魯齋

許魯齋力行之意多實過其名魯齋其人也

許魯齋答實先生書中間一節議論深識命時勢三

者蓋深於易者也

許魯齋在後學固不能窺測竊嘗思之蓋真知實踐

者也

元人有以北有許衡南有吳澄並稱者此非後學所

敢輕議然即其書求其心考其行評其出處則二

公之實可見矣

魯齋不陳伐宋之謀其志大矣

許魯齋余誠實仰慕竊不自揆妄爲之言曰其質粹

其識高其學純其行篤其教人有序其條理精密

其規模廣大其胸次洒落其志量弘毅又不爲浮靡無益之言而有厭文弊從先進之意朱子之後一人而已

魯齋余莫測其爲何如人但想其大而已

元劉靜脩不屑就其意微矣

劉靜脩有鳳凰翔於千仞之氣象

劉靜脩高士也百世之下聞其風者莫不爲之興起誠足以廉頑立懦

劉靜脩叙學有慱文之功無約禮之實或非其所作或其少作也

性理自宋道學諸君子反覆辯論發揮蘊奧之後粲然如日星麗天而異學曲說真如區區之爝火自不得亂其明也

生於程朱之後者何幸如之以四書有成說而大道明也

聖人未嘗有自聖之心後世儒者未有所至即高自品置如楊雄之法言王通之續經皆以孔子自擬也二子非特不知聖人亦不自知爲何如人矣自今觀之豈能以逃識者之鑑

卷十終